# QUIRGUIZ

## V O C A B U L Á R I O

**PORTUGUÊS BRASILEIRO**

# PORTUGUÊS
# QUIRGUIZ

Para alargar o seu léxico e apurar
as suas competências linguísticas

## 5000 palavras

# Vocabulário Português Brasileiro-Quirguiz - 5000 palavras

Por Andrey Taranov

Os vocabulários da T&P Books destinam-se a ajudar a aprender, a memorizar, e a rever palavras estrangeiras. O dicionário é dividido em temas, cobrindo todas as principais esferas de atividades quotidianas, negócios, ciência, cultura, etc.

O processo de aprendizagem, utilizando os dicionários baseados em temáticas da T&P Books dá-lhe as seguintes vantagens:

- Informação de origem corretamente agrupada predetermina o sucesso em fases subsequentes da memorização de palavras
- Disponibilização de palavras derivadas da mesma raiz, o que permite a memorização de unidades de texto (em vez de palavras separadas)
- Pequenas unidades de palavras facilitam o processo de estabelecimento de vínculos associativos necessários para a consolidação do vocabulário
- O nível de conhecimento da língua pode ser estimado pelo número de palavras aprendidas

T&P Books Publishing
www.tpbooks.com

ISBN: 978-1-78767-376-2

Este livro também está disponível em formato E-book.
Por favor visite www.tpbooks.com ou as principais livrarias on-line.

# VOCABULÁRIO QUIRGUIZ
palavras mais úteis

Os vocabulários da T&P Books destinam-se a ajudar a aprender, a memorizar, e a rever palavras estrangeiras. O vocabulário contém mais de 5000 palavras de uso comum organizadas tematicamente.

O vocabulário contém as palavras mais comummente usadas
Recomendado como adicional para qualquer curso de línguas
Satisfaz as necessidades dos iniciados e dos alunos avançados de línguas estrangeiras
Conveniente para o uso diário, sessões de revisão e atividades de auto-teste
Permite avaliar o seu vocabulário

## Características especias do vocabulário

*   As palavras estão organizadas de acordo com o seu significado, e não por ordem alfabética
*   As palavras são apresentadas em três colunas para facilitar os processos de revisão e auto-teste
*   As palavras compostas são divididas em pequenos blocos para facilitar o processo de aprendizagem
*   O vocabulário oferece uma transcrição simples e adequada de cada palavra estrangeira

## O vocabulário contém 155 tópicos incluindo:

Conceitos básicos, Números, Cores, Meses, Estações do ano, Unidades de medida, Roupas & Acessórios, Alimentos & Nutrição, Restaurante, Membros da Família, Parentes, Caráter, Sentimentos, Emoções, Doenças, Cidade, Passeios, Compras, Dinheiro, Casa, Lar, Escritório, Trabalho no Escritório, Importação & Exportação, Marketing, Pesquisa de Emprego, Esportes, Educação, Computador, Internet, Ferramentas, Natureza, Países, Nacionalidades e muito mais ...

# TABELA DE CONTEÚDOS

# GUIA DE PRONUNCIAÇÃO

| Alfabeto fonético T&P | Exemplo quirguiz | Exemplo Português |
|---|---|---|
| [a] | манжа [mandʒa] | chamar |
| [e] | келечек [keletʃek] | metal |
| [i] | жигит [dʒigit] | sinônimo |
| [ɪ] | кубаныч [kubanɪtʃ] | sinônimo |
| [o] | мактоо [maktoo] | lobo |
| [u] | узундук [uzunduk] | bonita |
| [ʉ] | алюминий [alʉminij] | nacional |
| [y] | түнкү [tynky] | questionar |
| | | |
| [b] | ашкабак [aʃkabak] | barril |
| [d] | адам [adam] | dentista |
| [dʒ] | жыгач [dʒɪgatʃ] | adjetivo |
| [f] | флейта [flejta] | safári |
| [g] | тегерек [tegerek] | gosto |
| [j] | бейрөк [bøjrøk] | Vietnã |
| [k] | карапа [karapa] | aquilo |
| [l] | алтын [altɪn] | libra |
| [m] | бешмант [beʃmant] | magnólia |
| [n] | найза [najza] | natureza |
| [ŋ] | булуң [buluŋ] | alcançar |
| [p] | пайдубал [pajdubal] | presente |
| [r] | рахмат [raχmat] | riscar |
| [s] | сагызган [sagɪzgan] | sanita |
| [ʃ] | бурулуш [buruluʃ] | mês |
| [t] | түтүн [tytyn] | tulipa |
| [χ] | пахтадан [paχtadan] | spagnolo - Juan |
| [ts] | шприц [ʃprits] | tsé-tsé |
| [tʃ] | биринчи [birintʃi] | Tchau! |
| [v] | квартал [kvartal] | fava |
| [z] | казуу [kazuu] | sésamo |
| [ʲ] | руль, актёр [rulʲ, aktʲor] | sinal de palatalização |
| [ʰ] | объектив [obʰjektiv] | sinal forte |

# ABREVIATURAS
## usadas no vocabulário

## Abreviaturas do Português

| | | |
|---|---|---|
| adj | - | adjetivo |
| adv | - | advérbio |
| anim. | - | animado |
| conj. | - | conjunção |
| desp. | - | esporte |
| etc. | - | Etcetera |
| ex. | - | por exemplo |
| f | - | nome feminino |
| f pl | - | feminino plural |
| fem. | - | feminino |
| inanim. | - | inanimado |
| m | - | nome masculino |
| m pl | - | masculino plural |
| m, f | - | masculino, feminino |
| masc. | - | masculino |
| mat. | - | matemática |
| mil. | - | militar |
| pl | - | plural |
| prep. | - | preposição |
| pron. | - | pronome |
| sb. | - | sobre |
| sing. | - | singular |
| v aux | - | verbo auxiliar |
| vi | - | verbo intransitivo |
| vi, vt | - | verbo intransitivo, transitivo |
| vr | - | verbo reflexivo |
| vt | - | verbo transitivo |

# CONCEITOS BÁSICOS

## Conceitos básicos. Parte 1

### 1. Pronomes

| | | |
|---|---|---|
| eu | мен, мага | men, maga |
| você | сен | sen |
| ele, ela | ал | al |
| eles, elas | алар | alar |

### 2. Cumprimentos. Saudações. Despedidas

| | | |
|---|---|---|
| Oi! | Салам! | salam! |
| Olá! | Саламатсызбы! | salamatsızbı! |
| Bom dia! | Кутман таңыңыз менен! | kutman taŋıŋız menen! |
| Boa tarde! | Кутман күнүңүз менен! | kutman kynyŋyz menen! |
| Boa noite! | Кутман кечиңиз менен! | kutman ketʃiŋiz menen! |
| | | |
| cumprimentar (vt) | учурашуу | utʃuraʃuu |
| Oi! | Кандай! | kandaj! |
| saudação (f) | салам | salam |
| saudar (vt) | саламдашуу | salamdaʃuu |
| Como você está? | Иштериңиз кандай? | iʃteriŋiz kandaj? |
| Como vai? | Иштер кандай? | iʃter kandaj? |
| E aí, novidades? | Эмне жаңылык? | emne dʒaŋılık? |
| | | |
| Tchau! Até logo! | Көрүшкөнчө! | køryʃkøntʃø! |
| Até breve! | Эмки жолукканга чейин! | emki dʒolukkanga tʃejin! |
| Adeus! (sing.) | Кош бол! | koʃ bol! |
| Adeus! (pl) | Кош болуңуз! | koʃ boluŋuz! |
| despedir-se (dizer adeus) | коштошуу | koʃtoʃuu |
| Até mais! | Жакшы кал! | dʒakʃı kal! |
| | | |
| Obrigado! -a! | Рахмат! | raχmat! |
| Muito obrigado! -a! | Чоң рахмат! | tʃoŋ raχmat! |
| De nada | Эч нерсе эмес | etʃ nerse emes |
| Não tem de quê | Алкышка арзыбайт | alkıʃka arzıbajt |
| Não foi nada! | Эчтеке эмес. | etʃteke emes |
| | | |
| Desculpa! | Кечир! | ketʃir! |
| Desculpe! | Кечирип коюңузчу! | ketʃirip kojɥŋuztʃu! |
| desculpar (vt) | кечирүү | ketʃiryy |
| | | |
| desculpar-se (vr) | кечирим суроо | ketʃirim suroo |
| Me desculpe | Кечирим сурайм. | ketʃirim surajm |
| Desculpe! | Кечиресиз! | ketʃiresiz! |

| perdoar (vt) | кечирүү | ketʃiryy |
| Não faz mal | Эч капачылык жок. | etʃ kapatʃılık dʒok |
| por favor | суранам | suranam |

| Não se esqueça! | Унутуп калбаңыз! | unutup kalbaŋız! |
| Com certeza! | Албетте! | albette! |
| Claro que não! | Албетте жок! | albette dʒok! |
| Está bem! De acordo! | Макул! | makul! |
| Chega! | Жетишет! | dʒetiʃet! |

## 3. Como se dirigir a alguém

| Desculpe ... | Кечиресиз! | ketʃiresiz! |
| senhor | мырза | mırza |
| senhora | айым | ajım |
| senhorita | чоң кыз | tʃoŋ kız |
| jovem | чоң жигит | tʃoŋ dʒigit |
| menino | жаш бала | dʒaʃ bala |
| menina | кызым | kızım |

## 4. Números cardinais. Parte 1

| zero | нөл | nøl |
| um | бир | bir |
| dois | эки | eki |
| três | үч | ytʃ |
| quatro | төрт | tørt |

| cinco | беш | beʃ |
| seis | алты | altı |
| sete | жети | dʒeti |
| oito | сегиз | segiz |
| nove | тогуз | toguz |

| dez | он | on |
| onze | он бир | on bir |
| doze | он эки | on eki |
| treze | он үч | on ytʃ |
| catorze | он төрт | on tørt |

| quinze | он беш | on beʃ |
| dezesseis | он алты | on altı |
| dezessete | он жети | on dʒeti |
| dezoito | он сегиз | on segiz |
| dezenove | он тогуз | on toguz |

| vinte | жыйырма | dʒıjırma |
| vinte e um | жыйырма бир | dʒıjırma bir |
| vinte e dois | жыйырма эки | dʒıjırma eki |
| vinte e três | жыйырма үч | dʒıjırma ytʃ |
| trinta | отуз | otuz |
| trinta e um | отуз бир | otuz bir |

| | | |
|---|---|---|
| trinta e dois | отуз эки | otuz eki |
| trinta e três | отуз үч | otuz ytʃ |
| | | |
| quarenta | кырк | kırk |
| quarenta e dois | кырк эки | kırk eki |
| quarenta e três | кырк үч | kırk ytʃ |
| | | |
| cinquenta | элүү | elyy |
| cinquenta e um | элүү бир | elyy bir |
| cinquenta e dois | элүү эки | elyy eki |
| cinquenta e três | элүү үч | elyy ytʃ |
| | | |
| sessenta | алтымыш | altımıʃ |
| sessenta e um | алтымыш бир | altımıʃ bir |
| sessenta e dois | алтымыш эки | altımıʃ eki |
| sessenta e três | алтымыш үч | altımıʃ ytʃ |
| | | |
| setenta | жетимиш | dʒetimiʃ |
| setenta e um | жетимиш бир | dʒetimiʃ bir |
| setenta e dois | жетимиш эки | dʒetimiʃ eki |
| setenta e três | жетимиш үч | dʒetimiʃ ytʃ |
| | | |
| oitenta | сексен | seksen |
| oitenta e um | сексен бир | seksen bir |
| oitenta e dois | сексен эки | seksen eki |
| oitenta e três | сексен үч | seksen ytʃ |
| | | |
| noventa | токсон | tokson |
| noventa e um | токсон бир | tokson bir |
| noventa e dois | токсон эки | tokson eki |
| noventa e três | токсон үч | tokson ytʃ |

## 5. Números cardinais. Parte 2

| | | |
|---|---|---|
| cem | бир жүз | bir dʒyz |
| duzentos | эки жүз | eki dʒyz |
| trezentos | үч жүз | ytʃ dʒyz |
| quatrocentos | төрт жүз | tørt dʒyz |
| quinhentos | беш жүз | beʃ dʒyz |
| | | |
| seiscentos | алты жүз | altı dʒyz |
| setecentos | жети жүз | dʒeti dʒyz |
| oitocentos | сегиз жүз | segiz dʒyz |
| novecentos | тогуз жүз | toguz dʒyz |
| | | |
| mil | бир миң | bir miŋ |
| dois mil | эки миң | eki miŋ |
| três mil | үч миң | ytʃ miŋ |
| | | |
| dez mil | он миң | on miŋ |
| cem mil | жүз миң | dʒyz miŋ |
| | | |
| um milhão | миллион | million |
| um bilhão | миллиард | milliard |

## 6. Números ordinais

| | | |
|---|---|---|
| primeiro (adj) | биринчи | birintʃi |
| segundo (adj) | экинчи | ekintʃi |
| terceiro (adj) | үчүнчү | ytʃyntʃy |
| quarto (adj) | төртүнчү | tørtyntʃy |
| quinto (adj) | бешинчи | beʃintʃi |
| | | |
| sexto (adj) | алтынчы | altıntʃı |
| sétimo (adj) | жетинчи | dʒetintʃi |
| oitavo (adj) | сегизинчи | segizintʃi |
| nono (adj) | тогузунчу | toguzuntʃu |
| décimo (adj) | онунчу | onuntʃu |

## 7. Números. Frações

| | | |
|---|---|---|
| fração (f) | бөлчөк | bøltʃøk |
| um meio | экиден бир | ekiden bir |
| um terço | үчтөн бир | ytʃtøn bir |
| um quarto | төрттөн бир | tørttøn bir |
| | | |
| um oitavo | сегизден бир | segizden bir |
| um décimo | тогуздан бир | toguzdan bir |
| dois terços | үчтөн эки | ytʃtøn eki |
| três quartos | төрттөн үч | tørttøn ytʃ |

## 8. Números. Operações básicas

| | | |
|---|---|---|
| subtração (f) | кемитүү | kemityy |
| subtrair (vi, vt) | кемитүү | kemityy |
| divisão (f) | бөлүү | bølyy |
| dividir (vt) | бөлүү | bølyy |
| | | |
| adição (f) | кошуу | koʃuu |
| somar (vt) | кошуу | koʃuu |
| adicionar (vt) | кошуу | koʃuu |
| multiplicação (f) | көбөйтүү | købøjtyy |
| multiplicar (vt) | көбөйтүү | købøjtyy |

## 9. Números. Diversos

| | | |
|---|---|---|
| algarismo, dígito (m) | санарип | sanarip |
| número (m) | сан | san |
| numeral (m) | сан атооч | san atootʃ |
| menos (m) | кемитүү | kemityy |
| mais (m) | плюс | plʉs |
| fórmula (f) | формула | formula |
| cálculo (m) | эсептөө | eseptøø |
| contar (vt) | саноо | sanoo |

| calcular (vt) | эсептөө | eseptøø |
| comparar (vt) | салыштыруу | salıʃtıruu |

| Quanto, -os, -as? | Канча? | kantʃa? |
| soma (f) | жыйынтык | dʒıjıntık |
| resultado (m) | натыйжа | natıjdʒa |
| resto (m) | калдык | kaldık |

| alguns, algumas … | бир нече | bir netʃe |
| poucos, poucas | бир аз | bir az |
| um pouco de … | кичине | kitʃine |
| resto (m) | калганы | kalganı |
| um e meio | бир жарым | bir dʒarım |
| dúzia (f) | он эки даана | on eki daana |

| ao meio | тең экиге | teŋ ekige |
| em partes iguais | тең | teŋ |
| metade (f) | жарым | dʒarım |
| vez (f) | бир жолу | bir dʒolu |

## 10. Os verbos mais importantes. Parte 1

| abrir (vt) | ачуу | atʃuu |
| acabar, terminar (vt) | бүтүрүү | bytyryy |
| aconselhar (vt) | кеңеш берүү | keŋeʃ beryy |
| adivinhar (vt) | жандырмагын табуу | dʒandırmagın tabuu |
| advertir (vt) | эскертүү | eskertyy |

| ajudar (vt) | жардам берүү | dʒardam beryy |
| almoçar (vi) | түштөнүү | tyʃtønyy |
| alugar (~ um apartamento) | батирге алуу | batirge aluu |
| amar (pessoa) | сүйүү | syjyy |
| ameaçar (vt) | коркутуу | korkutuu |

| anotar (escrever) | кагазга түшүрүү | kagazga tyʃyryy |
| apressar-se (vr) | шашуу | ʃaʃuu |
| arrepender-se (vr) | өкүнүү | økynyy |
| assinar (vt) | кол коюу | kol kojʉu |
| brincar (vi) | тамашалоо | tamaʃaloo |

| brincar, jogar (vi, vt) | ойноо | ojnoo |
| buscar (vt) | … издөө | … izdøø |
| caçar (vi) | аңчылык кылуу | aŋtʃılık kıluu |
| cair (vi) | жыгылуу | dʒıgıluu |
| cavar (vt) | казуу | kazuu |
| chamar (~ por socorro) | чакыруу | tʃakıruu |

| chegar (vi) | келүү | kelyy |
| chorar (vi) | ыйлоо | ıjloo |
| começar (vt) | баштоо | baʃtoo |
| comparar (vt) | салыштыруу | salıʃtıruu |
| concordar (dizer "sim") | макул болуу | makul boluu |
| confiar (vt) | ишенүү | iʃenyy |
| confundir (equivocar-se) | адаштыруу | adaʃtıruu |

| conhecer (vt) | таануу | taanuu |
|---|---|---|
| contar (fazer contas) | саноо | sanoo |
| contar com … | … ишенүү | … iʃenyy |
| continuar (vt) | улантуу | ulantuu |

| controlar (vt) | башкаруу | baʃkaruu |
|---|---|---|
| convidar (vt) | чакыруу | tʃakıruu |
| correr (vi) | чуркоо | tʃurkoo |
| criar (vt) | жаратуу | dʒaratuu |
| custar (vt) | туруу | turuu |

## 11. Os verbos mais importantes. Parte 2

| dar (vt) | берүү | beryy |
|---|---|---|
| dar uma dica | четин чыгаруу | tʃetin tʃıgaruu |
| decorar (enfeitar) | кооздоо | koozdoo |
| defender (vt) | коргоо | korgoo |
| deixar cair (vt) | түшүрүп алуу | tyʃyryp aluu |

| descer (para baixo) | ылдый түшүү | ıldıj tyʃyy |
|---|---|---|
| desculpar (vt) | кечирүү | ketʃiryy |
| desculpar-se (vr) | кечирим суроо | ketʃirim suroo |
| dirigir (~ uma empresa) | башкаруу | baʃkaruu |
| discutir (notícias, etc.) | талкуулоо | talkuuloo |

| disparar, atirar (vi) | атуу | atuu |
|---|---|---|
| dizer (vt) | айтуу | ajtuu |
| duvidar (vt) | күмөн саноо | kymøn sanoo |
| encontrar (achar) | таап алуу | taap aluu |
| enganar (vt) | алдоо | aldoo |

| entender (vt) | түшүнүү | tyʃynyy |
|---|---|---|
| entrar (na sala, etc.) | кирүү | kiryy |
| enviar (uma carta) | жөнөтүү | dʒønøtyy |
| errar (enganar-se) | ката кетирүү | kata ketiryy |
| escolher (vt) | тандоо | tandoo |

| esconder (vt) | жашыруу | dʒaʃıruu |
|---|---|---|
| escrever (vt) | жазуу | dʒazuu |
| esperar (aguardar) | күтүү | kytyy |
| esperar (ter esperança) | үмүттөнүү | ymyttønyy |
| esquecer (vt) | унутуу | unutuu |

| estudar (vt) | окуу | okuu |
|---|---|---|
| exigir (vt) | талап кылуу | talap kıluu |
| existir (vi) | чыгуу | tʃıguu |
| explicar (vt) | түшүндүрүү | tyʃyndyryy |

| falar (vi) | сүйлөө | syjløø |
|---|---|---|
| faltar (a la escuela, etc.) | калтыруу | kaltıruu |
| fazer (vt) | кылуу | kıluu |
| ficar em silêncio | унчукпоо | untʃukpoo |
| gabar-se (vr) | мактануу | maktanuu |
| gostar (apreciar) | жактыруу | dʒaktıruu |

| gritar (vi) | кыйкыруу | kıjkıruu |
| guardar (fotos, etc.) | сактоо | saktoo |
| informar (vt) | маалымат берүү | maalımat beryy |
| insistir (vi) | көшөрүү | køʃøryy |

| insultar (vt) | кемсинтүү | kemsintyy |
| interessar-se (vr) | ... кызыгуу | ... kızıguu |
| ir (a pé) | жөө басуу | dʒøø basuu |
| ir nadar | сууга түшүү | suuga tyʃyy |
| jantar (vi) | кечки тамакты ичүү | ketʃki tamaktı itʃyy |

## 12. Os verbos mais importantes. Parte 3

| ler (vt) | окуу | okuu |
| libertar, liberar (vt) | бошотуу | boʃotuu |
| matar (vt) | өлтүрүү | øltyryy |
| mencionar (vt) | айтып өтүү | ajtıp øtyy |
| mostrar (vt) | көрсөтүү | kørsøtyy |

| mudar (modificar) | өзгөртүү | øzgørtyy |
| nadar (vi) | сүзүү | syzyy |
| negar-se a ... (vr) | баш тартуу | baʃ tartuu |
| objetar (vt) | каршы болуу | karʃı boluu |

| observar (vt) | байкоо салуу | bajkoo |
| ordenar (mil.) | буйрук кылуу | bujruk kıluu |
| ouvir (vt) | угуу | uguu |
| pagar (vt) | төлөө | tøløø |
| parar (vi) | токтоо | toktoo |

| parar, cessar (vt) | токтотуу | toktotuu |
| participar (vi) | катышуу | katıʃuu |
| pedir (comida, etc.) | буйрутма кылуу | bujrutma kıluu |
| pedir (um favor, etc.) | суроо | suroo |
| pegar (tomar) | алуу | aluu |

| pegar (uma bola) | кармоо | karmoo |
| pensar (vi, vt) | ойлоо | ojloo |
| perceber (ver) | байкоо | bajkoo |
| perdoar (vt) | кечирүү | ketʃiryy |
| perguntar (vt) | суроо | suroo |

| permitir (vt) | уруксат берүү | uruksat beryy |
| pertencer a ... (vi) | таандык болуу | taandık boluu |
| planejar (vt) | пландаштыруу | plandaʃtıruu |
| poder (~ fazer algo) | жасай алуу | dʒasaj aluu |
| possuir (uma casa, etc.) | ээ болуу | ee boluu |

| preferir (vt) | артык көрүү | artık køryy |
| preparar (vt) | тамак бышыруу | tamak bıʃıruu |
| prever (vt) | күтүү | kytyy |
| prometer (vt) | убада берүү | ubada beryy |
| pronunciar (vt) | айтуу | ajtuu |
| propor (vt) | сунуштоо | sunuʃtoo |

| | | |
|---|---|---|
| punir (castigar) | жазалоо | dʒazaloo |
| quebrar (vt) | сындыруу | sındıruu |
| queixar-se de ... | арыздануу | arızdanuu |
| querer (desejar) | каалоо | kaaloo |

## 13. Os verbos mais importantes. Parte 4

| | | |
|---|---|---|
| ralhar, repreender (vt) | урушуу | uruʃuu |
| recomendar (vt) | сунуштоо | sunuʃtoo |
| repetir (dizer outra vez) | кайталоо | kajtaloo |
| reservar (~ um quarto) | камдык буйрутмалоо | kamdık bujrutmaloo |
| responder (vt) | жооп берүү | dʒoop beryy |
| | | |
| rezar, orar (vi) | дуба кылуу | duba kıluu |
| rir (vi) | күлүү | kylyy |
| roubar (vt) | уурдоо | uurdoo |
| saber (vt) | билүү | bilyy |
| sair (~ de casa) | чыгуу | tʃıguu |
| | | |
| salvar (resgatar) | куткаруу | kutkaruu |
| seguir (~ alguém) | ... ээрчүү | ... eertʃyy |
| sentar-se (vr) | отуруу | oturuu |
| ser necessário | керек болуу | kerek boluu |
| | | |
| ser, estar | болуу | boluu |
| significar (vt) | билдирүү | bildiryy |
| sorrir (vi) | жылмаюу | dʒılmadʒuu |
| subestimar (vt) | баалабоо | baalaboo |
| surpreender-se (vr) | таң калуу | taŋ kaluu |
| | | |
| tentar (~ fazer) | аракет кылуу | araket kıluu |
| ter (vt) | бар болуу | bar boluu |
| ter fome | ачка болуу | atʃka boluu |
| | | |
| ter medo | жазкануу | dʒazkanuu |
| ter sede | суусап калуу | suusap kaluu |
| tocar (com as mãos) | тийүү | tijyy |
| tomar café da manhã | эртең менен тамактануу | erteŋ menen tamaktanuu |
| trabalhar (vi) | иштөө | iʃtøø |
| traduzir (vt) | которуу | kotoruu |
| | | |
| unir (vt) | бириктирүү | biriktiryy |
| vender (vt) | сатуу | satuu |
| ver (vt) | көрүү | køryy |
| virar (~ para a direita) | бурулуу | buruluu |
| voar (vi) | учуу | utʃuu |

## 14. Cores

| | | |
|---|---|---|
| cor (f) | түс | tys |
| tom (m) | кошумча түс | koʃumtʃa tys |
| tonalidade (m) | кубулуу | kubuluu |

| | | |
|---|---|---|
| arco-íris (m) | күндүн кулагы | kyndyn kulagı |
| branco (adj) | ак | ak |
| preto (adj) | кара | kara |
| cinza (adj) | боз | boz |
| verde (adj) | жашыл | dʒaʃıl |
| amarelo (adj) | сары | sarı |
| vermelho (adj) | кызыл | kızıl |
| azul (adj) | көк | køk |
| azul claro (adj) | көгүлтүр | køgyltyr |
| rosa (adj) | мала | mala |
| laranja (adj) | кызгылт сары | kızgılt sarı |
| violeta (adj) | сыя көк | sıja køk |
| marrom (adj) | күрөң | kyrøŋ |
| dourado (adj) | алтын түстүү | altın tystyy |
| prateado (adj) | күмүш өңдүү | kymyʃ øŋdyy |
| bege (adj) | сары боз | sarı boz |
| creme (adj) | саргылт | sargılt |
| turquesa (adj) | бирюза | biruza |
| vermelho cereja (adj) | кочкул кызыл | kotʃkul kızıl |
| lilás (adj) | кызгылт көгүш | kızgılt køgyʃ |
| carmim (adj) | ачык кызыл | atʃık kızıl |
| claro (adj) | ачык | atʃık |
| escuro (adj) | күңүрт | kyŋyrt |
| vivo (adj) | ачык | atʃık |
| de cor | түстүү | tystyy |
| a cores | түстүү | tystyy |
| preto e branco (adj) | ак-кара | ak-kara |
| unicolor (de uma só cor) | бир өңчөй түстө | bir øŋtʃøj tystø |
| multicolor (adj) | ар түрдүү түстө | ar tyrdyy tystø |

## 15. Questões

| | | |
|---|---|---|
| Quem? | Ким? | kim? |
| O que? | Эмне? | emne? |
| Onde? | Каерде? | kaerde? |
| Para onde? | Каяка? | kajaka? |
| De onde? | Каяктан? | kajaktan? |
| Quando? | Качан? | katʃan? |
| Para quê? | Эмне үчүн? | emne ytʃyn? |
| Por quê? | Эмнеге? | emnege? |
| Para quê? | Кайсы керекке? | kajsı kerekke? |
| Como? | Кандай? | kandaj? |
| Qual (~ é o problema?) | Кайсы? | kajsı? |
| Qual (~ deles?) | Кайсынысы? | kajsınısı? |
| A quem? | Кимге? | kimge? |
| De quem? | Ким жөнүндө? | kim dʒønyndø? |

| | | |
|---|---|---|
| Do quê? | Эмне жөнүндө? | emne dʒønyndø? |
| Com quem? | Ким менен? | kim menen? |

| | | |
|---|---|---|
| Quanto, -os, -as? | Канча? | kantʃa? |
| De quem? (masc.) | Кимдики? | kimdiki? |
| De quem? (fem.) | Кимдики? | kimdiki? |
| De quem são …? | Кимдердики? | kimderdiki? |

## 16. Preposições

| | | |
|---|---|---|
| com (prep.) | менен | menen |
| sem (prep.) | -сыз, -сиз | -sız, -siz |
| a, para (exprime lugar) | … көздөй | … køzdøj |
| sobre (ex. falar ~) | … жөнүндө | … dʒønyndø |
| antes de … | … астында | … astında |
| em frente de … | … алдында | … aldında |
| | | |
| debaixo de … | … астында | … astında |
| sobre (em cima de) | … өйдө | … øjdø |
| em …, sobre … | … үстүндө | … ystyndø |
| de, do (sou ~ Rio de Janeiro) | -дан | -dan |
| de (feito ~ pedra) | -дан | -dan |
| | | |
| em (~ 3 dias) | … ичинде | … itʃinde |
| por cima de … | … үстүнөн | … ystynøn |

## 17. Palavras funcionais. Advérbios. Parte 1

| | | |
|---|---|---|
| Onde? | Каерде? | kaerde? |
| aqui | бул жерде | bul dʒerde |
| lá, ali | тээтигил жакта | teetigil dʒakta |
| | | |
| em algum lugar | бир жерде | bir dʒerde |
| em lugar nenhum | эч жакта | etʃ dʒakta |
| | | |
| perto de … | … жанында | … dʒanında |
| perto da janela | терезенин жанында | terezenin dʒanında |
| | | |
| Para onde? | Каяка? | kajaka? |
| aqui | бери | beri |
| para lá | нары | narı |
| daqui | бул жерден | bul dʒerden |
| de lá, dali | тигил жерден | tigil dʒerden |
| | | |
| perto | жакын | dʒakın |
| longe | алыс | alıs |
| | | |
| perto de … | … тегерегинде | … tegereginde |
| à mão, perto | жакын арада | dʒakın arada |
| não fica longe | алыс эмес | alıs emes |
| esquerdo (adj) | сол | sol |
| à esquerda | сол жакта | sol dʒakta |

| | | |
|---|---|---|
| para a esquerda | солго | solgo |
| direito (adj) | оң | oŋ |
| à direita | оң жакта | oŋ dʒakta |
| para a direita | оңго | oŋgo |
| | | |
| em frente | астыда | astıda |
| da frente | алдыңкы | aldıŋkı |
| adiante (para a frente) | алдыга | aldıga |
| | | |
| atrás de … | артында | artında |
| de trás | артынан | artınan |
| para trás | артка | artka |
| | | |
| meio (m), metade (f) | ортосу | ortosu |
| no meio | ортосунда | ortosunda |
| | | |
| do lado | капталында | kaptalında |
| em todo lugar | бүт жерде | byt dʒerde |
| por todos os lados | айланасында | ajlanasında |
| | | |
| de dentro | ичинде | itʃinde |
| para algum lugar | бир жерде | bir dʒerde |
| diretamente | түз | tyz |
| de volta | кайра | kajra |
| | | |
| de algum lugar | бир жерден | bir dʒerden |
| de algum lugar | бир жактан | bir dʒaktan |
| | | |
| em primeiro lugar | биринчиден | birintʃiden |
| em segundo lugar | экинчиден | ekintʃiden |
| em terceiro lugar | үчүнчүдөн | ytʃyntʃydøn |
| | | |
| de repente | күтпөгөн жерден | kytpøgøn dʒerden |
| no início | башында | baʃında |
| pela primeira vez | биринчи жолу | birintʃi dʒolu |
| muito antes de … | … алдында | … aldında |
| de novo | башынан | baʃınan |
| para sempre | түбөлүккө | tybølykkø |
| | | |
| nunca | эч качан | etʃ katʃan |
| de novo | кайра | kajra |
| agora | эми | emi |
| frequentemente | көпчүлүк учурда | køptʃylyk utʃurda |
| então | анда | anda |
| urgentemente | тезинен | tezinen |
| normalmente | көбүнчө | købyntʃø |
| | | |
| a propósito, … | баса, … | basa, … |
| é possível | мүмкүн | mymkyn |
| provavelmente | балким | balkim |
| talvez | ыктымал | ıktımal |
| além disso, … | андан тышкары, … | andan tıʃkarı, … |
| por isso … | ошондуктан … | oʃonduktan … |
| apesar de … | … карабастан | … karabastan |
| graças a … | … күчү менен | … kytʃy menen |
| que (pron.) | эмне | emne |

| que (conj.) | эмне | emne |
| algo | бир нерсе | bir nerse |
| alguma coisa | бир нерсе | bir nerse |
| nada | эч нерсе | etʃ nerse |

| quem | ким | kim |
| alguém (~ que …) | кимдир бирөө | kimdir birøø |
| alguém (com ~) | бирөө жарым | birøø dʒarım |

| ninguém | эч ким | etʃ kim |
| para lugar nenhum | эч жака | etʃ dʒaka |
| de ninguém | эч кимдики | etʃ kimdiki |
| de alguém | бирөөнүкү | birøønyky |

| tão | эми | emi |
| também (gostaria ~ de …) | ошондой эле | oʃondoj ele |
| também (~ eu) | дагы | dagı |

## 18. Palavras funcionais. Advérbios. Parte 2

| Por quê? | Эмнеге? | emnege? |
| por alguma razão | эмнегедир | emnegedir |
| porque … | … себептен | … sebepten |
| por qualquer razão | эмне үчүндүр | emne ytʃyndyr |

| e (tu ~ eu) | жана | dʒana |
| ou (ser ~ não ser) | же | dʒe |
| mas (porém) | бирок | birok |
| para (~ a minha mãe) | үчүн | ytʃyn |

| muito, demais | өтө эле | øtø ele |
| só, somente | азыр эле | azır ele |
| exatamente | так | tak |
| cerca de (~ 10 kg) | болжол менен | boldʒol menen |

| aproximadamente | болжол менен | boldʒol menen |
| aproximado (adj) | болжолдуу | boldʒolduu |
| quase | дээрлик | deerlik |
| resto (m) | калганы | kalganı |

| o outro (segundo) | башка | baʃka |
| outro (adj) | башка бөлөк | baʃka bøløk |
| cada (adj) | ар бири | ar biri |
| qualquer (adj) | баардык | baardık |
| muito, muitos, muitas | көп | køp |
| muitas pessoas | көбү | køby |
| todos | баары | baarı |

| em troca de … | … алмашуу | … almaʃuu |
| em troca | ордуна | orduna |
| à mão | колго | kolgo |
| pouco provável | ишенүүгө болбойт | iʃenyygø bolbojt |
| provavelmente | балким | balkim |
| de propósito | атайын | atajın |

| por acidente | кокустан | kokustan |
| muito | аябай | ajabaj |
| por exemplo | мисалы | misalı |
| entre | ортосунда | ortosunda |
| entre (no meio de) | арасында | arasında |
| tanto | ошончо | oʃontʃo |
| especialmente | өзгөчө | øzgøtʃø |

# Conceitos básicos. Parte 2

## 19. Dias da semana

| | | |
|---|---|---|
| segunda-feira (f) | дүйшөмбү | dyjʃømby |
| terça-feira (f) | шейшемби | ʃejʃembi |
| quarta-feira (f) | шаршемби | ʃarʃembi |
| quinta-feira (f) | бейшемби | bejʃembi |
| sexta-feira (f) | жума | dʒuma |
| sábado (m) | ишенби | iʃenbi |
| domingo (m) | жекшемби | dʒekʃembi |

| | | |
|---|---|---|
| hoje | бүгүн | bygyn |
| amanhã | эртең | erteŋ |
| depois de amanhã | бирсүгүнү | birsygyny |
| ontem | кечээ | ketʃee |
| anteontem | мурда күнү | murda kyny |

| | | |
|---|---|---|
| dia (m) | күн | kyn |
| dia (m) de trabalho | иш күнү | iʃ kyny |
| feriado (m) | майрам күнү | majram kyny |
| dia (m) de folga | дем алыш күн | dem alıʃ kyn |
| fim (m) de semana | дем алыш күндөр | dem alıʃ kyndør |

| | | |
|---|---|---|
| o dia todo | күнү бою | kyny bojʉ |
| no dia seguinte | кийинки күнү | kijinki kyny |
| há dois dias | эки күн мурун | eki kyn murun |
| na véspera | жакында | dʒakında |
| diário (adj) | күндө | kyndø |
| todos os dias | күн сайын | kyn sajın |

| | | |
|---|---|---|
| semana (f) | жума | dʒuma |
| na semana passada | өткөн жумада | øtkøn dʒumada |
| semana que vem | келаткан жумада | kelatkan dʒumada |
| semanal (adj) | жума сайын | dʒuma sajın |
| toda semana | жума сайын | dʒuma sajın |
| duas vezes por semana | жумасына эки жолу | dʒumasına eki dʒolu |
| toda terça-feira | ар шейшемби | ar ʃejʃembi |

## 20. Horas. Dia e noite

| | | |
|---|---|---|
| manhã (f) | таң | taŋ |
| de manhã | эртең менен | erteŋ menen |
| meio-dia (m) | жарым күн | dʒarım kyn |
| à tarde | түштөн кийин | tyʃtøn kijin |

| | | |
|---|---|---|
| tardinha (f) | кеч | ketʃ |
| à tardinha | кечинде | ketʃinde |

| | | |
|---|---|---|
| noite (f) | түн | tyn |
| à noite | түндө | tyndø |
| meia-noite (f) | жарым түн | dʒarım tyn |
| | | |
| segundo (m) | секунда | sekunda |
| minuto (m) | мүнөт | mynøt |
| hora (f) | саат | saat |
| meia hora (f) | жарым саат | dʒarım saat |
| quarto (m) de hora | чейрек саат | tʃejrek saat |
| quinze minutos | он беш мүнөт | on beʃ mynøt |
| vinte e quatro horas | сутка | sutka |
| | | |
| nascer (m) do sol | күндүн чыгышы | kyndyn tʃıgıʃı |
| amanhecer (m) | таң агаруу | taŋ agaruu |
| madrugada (f) | таң эрте | taŋ erte |
| pôr-do-sol (m) | күн батуу | kyn batuu |
| | | |
| de madrugada | таң эрте | taŋ erte |
| esta manhã | бүгүн эртең менен | bygyn erteŋ menen |
| amanhã de manhã | эртең эртең менен | erteŋ erteŋ menen |
| | | |
| esta tarde | күндүзү | kyndyzy |
| à tarde | түштөн кийин | tyʃtøn kijin |
| amanhã à tarde | эртең түштөн кийин | erteŋ tyʃtøn kijin |
| | | |
| esta noite, hoje à noite | бүгүн кечинде | bygyn ketʃinde |
| amanhã à noite | эртең кечинде | erteŋ ketʃinde |
| | | |
| às três horas em ponto | туура саат үчтө | tuura saat ytʃtø |
| por volta das quatro | болжол менен төрт саат | boldʒol menen tørt saat |
| às doze | саат он экиде | saat on ekide |
| | | |
| em vinte minutos | жыйырма мүнөттөн кийин | dʒıjırma mynøttøn kijin |
| em uma hora | бир сааттан кийин | bir saattan kijin |
| a tempo | өз убагында | øz ubagında |
| | | |
| ... um quarto para | ... он беш мүнөт калды | ... on beʃ mynøt kaldı |
| dentro de uma hora | бир сааттын ичинде | bir saattın itʃinde |
| a cada quinze minutos | он беш мүнөт сайын | on beʃ mynøt sajın |
| as vinte e quatro horas | бир сутка бою | bir sutka bojʉ |

## 21. Meses. Estações

| | | |
|---|---|---|
| janeiro (m) | январь | janvarʲ |
| fevereiro (m) | февраль | fevralʲ |
| março (m) | март | mart |
| abril (m) | апрель | aprelʲ |
| maio (m) | май | maj |
| junho (m) | июнь | ijʉnʲ |
| | | |
| julho (m) | июль | ijʉlʲ |
| agosto (m) | август | avgust |
| setembro (m) | сентябрь | sentʲabrʲ |
| outubro (m) | октябрь | oktʲabrʲ |

| | | |
|---|---|---|
| novembro (m) | ноябрь | nojabrʲ |
| dezembro (m) | декабрь | dekabrʲ |
| | | |
| primavera (f) | жаз | dʒaz |
| na primavera | жазында | dʒazında |
| primaveril (adj) | жазгы | dʒazgı |
| | | |
| verão (m) | жай | dʒaj |
| no verão | жайында | dʒajında |
| de verão | жайкы | dʒajkı |
| | | |
| outono (m) | күз | kyz |
| no outono | күзүндө | kyzyndø |
| outonal (adj) | күздүк | kyzdyk |
| | | |
| inverno (m) | кыш | kıʃ |
| no inverno | кышында | kıʃında |
| de inverno | кышкы | kıʃkı |
| | | |
| mês (m) | ай | aj |
| este mês | ушул айда | uʃul ajda |
| mês que vem | кийинки айда | kijinki ajda |
| no mês passado | өткөн айда | øtkøn ajda |
| | | |
| um mês atrás | бир ай мурун | bir aj murun |
| em um mês | бир айдан кийин | bir ajdan kijin |
| em dois meses | эки айдан кийин | eki ajdan kijin |
| todo o mês | ай бою | aj bojʉ |
| um mês inteiro | толук бир ай | toluk bir aj |
| | | |
| mensal (adj) | ай сайын | aj sajın |
| mensalmente | ай сайын | aj sajın |
| todo mês | ар бир айда | ar bir ajda |
| duas vezes por mês | айына эки жолу | ajına eki dʒolu |
| | | |
| ano (m) | жыл | dʒıl |
| este ano | бул жылы | bul dʒılı |
| ano que vem | келаткан жылы | kelatkan dʒılı |
| no ano passado | өткөн жылы | øtkøn dʒılı |
| | | |
| há um ano | бир жыл мурун | bir dʒıl murun |
| em um ano | бир жылдан кийин | bir dʒıldan kijin |
| dentro de dois anos | эки жылдан кийин | eki dʒıldan kijin |
| todo o ano | жыл бою | dʒıl bodʒʉ |
| um ano inteiro | толук бир жыл | toluk bir dʒıl |
| | | |
| cada ano | ар жыл сайын | ar dʒıl sajın |
| anual (adj) | жыл сайын | dʒıl sajın |
| anualmente | жыл сайын | dʒıl sajın |
| quatro vezes por ano | жылына төрт жолу | dʒılına tørt dʒolu |
| | | |
| data (~ de hoje) | число | tʃislo |
| data (ex. ~ de nascimento) | күн | kyn |
| calendário (m) | календарь | kalendarʲ |
| meio ano | жарым жыл | dʒarım dʒıl |
| seis meses | жарым чейрек | dʒarım tʃejrek |

| | | |
|---|---|---|
| estação (f) | мезгил | mezgil |
| século (m) | кылым | kılım |

## 22. Unidades de medida

| | | |
|---|---|---|
| peso (m) | салмак | salmak |
| comprimento (m) | узундук | uzunduk |
| largura (f) | жазылык | dʒazılık |
| altura (f) | бийиктик | bijiktik |
| profundidade (f) | терендик | terendik |
| volume (m) | көлөм | køløm |
| área (f) | аянт | ajant |

| | | |
|---|---|---|
| grama (m) | грамм | gramm |
| miligrama (m) | миллиграмм | milligramm |
| quilograma (m) | килограмм | kilogramm |
| tonelada (f) | тонна | tonna |
| libra (453,6 gramas) | фунт | funt |
| onça (f) | унция | unʦija |

| | | |
|---|---|---|
| metro (m) | метр | metr |
| milímetro (m) | миллиметр | millimetr |
| centímetro (m) | сантиметр | santimetr |
| quilômetro (m) | километр | kilometr |
| milha (f) | миля | milʲa |

| | | |
|---|---|---|
| polegada (f) | дюйм | dujm |
| pé (304,74 mm) | фут | fut |
| jarda (914,383 mm) | ярд | jard |

| | | |
|---|---|---|
| metro (m) quadrado | квадраттык метр | kvadrattık metr |
| hectare (m) | гектар | gektar |

| | | |
|---|---|---|
| litro (m) | литр | litr |
| grau (m) | градус | gradus |
| volt (m) | вольт | volʲt |
| ampère (m) | ампер | amper |
| cavalo (m) de potência | ат күчү | at kytʃy |

| | | |
|---|---|---|
| quantidade (f) | саны | sanı |
| um pouco de ... | ... бир аз | ... bir az |
| metade (f) | жарым | dʒarım |

| | | |
|---|---|---|
| dúzia (f) | он эки даана | on eki daana |
| peça (f) | даана | daana |

| | | |
|---|---|---|
| tamanho (m), dimensão (f) | чоңдук | tʃonduk |
| escala (f) | өлчөмчен | øltʃømtʃen |

| | | |
|---|---|---|
| mínimo (adj) | минималдуу | minimalduu |
| menor, mais pequeno | эң кичинекей | eŋ kitʃinekej |
| médio (adj) | орточо | ortotʃo |
| máximo (adj) | максималдуу | maksimalduu |
| maior, mais grande | эң чоң | eŋ tʃoŋ |

## 23. Recipientes

| | | |
|---|---|---|
| pote (m) de vidro | банка | banka |
| lata (~ de cerveja) | банка | banka |
| balde (m) | чака | ʧaka |
| barril (m) | бочка | boʧka |
| | | |
| bacia (~ de plástico) | дагара | dagara |
| tanque (m) | бак | bak |
| cantil (m) de bolso | фляжка | flʲadʒka |
| galão (m) de gasolina | канистра | kanistra |
| cisterna (f) | цистерна | ʦɪsterna |
| | | |
| caneca (f) | кружка | krudʒka |
| xícara (f) | чейчек | ʧøjʧøk |
| pires (m) | табак | tabak |
| copo (m) | ыстакан | ɪstakan |
| taça (f) de vinho | бокал | bokal |
| panela (f) | мискей | miskej |
| | | |
| garrafa (f) | бөтөлкө | bøtølkø |
| gargalo (m) | оозу | oozu |
| | | |
| jarra (f) | графин | grafin |
| jarro (m) | кумура | kumura |
| recipiente (m) | идиш | idiʃ |
| pote (m) | карапа | karapa |
| vaso (m) | ваза | vaza |
| | | |
| frasco (~ de perfume) | флакон | flakon |
| frasquinho (m) | кичине бөтөлкө | kiʧine bøtølkø |
| tubo (m) | тюбик | tubik |
| | | |
| saco (ex. ~ de açúcar) | кап | kap |
| sacola (~ plastica) | пакет | paket |
| maço (de cigarros, etc.) | пачке | paʧke |
| | | |
| caixa (~ de sapatos, etc.) | куту | kutu |
| caixote (~ de madeira) | үкөк | ykøk |
| cesto (m) | себет | sebet |

# O SER HUMANO

## O ser humano. O corpo

### 24. Cabeça

| | | |
|---|---|---|
| cabeça (f) | баш | baʃ |
| rosto, cara (f) | бет | bet |
| nariz (m) | мурун | murun |
| boca (f) | ооз | ooz |
| | | |
| olho (m) | көз | køz |
| olhos (m pl) | көздөр | køzdør |
| pupila (f) | карек | karek |
| sobrancelha (f) | каш | kaʃ |
| cílio (f) | кирпик | kirpik |
| pálpebra (f) | кабак | kabak |
| | | |
| língua (f) | тил | til |
| dente (m) | тиш | tiʃ |
| lábios (m pl) | эриндер | erinder |
| maçãs (f pl) do rosto | бет сөөгү | bet søøgy |
| gengiva (f) | тиш эти | tiʃ eti |
| palato (m) | таңдай | taŋdaj |
| | | |
| narinas (f pl) | мурун тешиги | murun teʃigi |
| queixo (m) | ээк | eek |
| mandíbula (f) | жаак | dʒaak |
| bochecha (f) | бет | bet |
| | | |
| testa (f) | чеке | tʃeke |
| têmpora (f) | чыкый | tʃɪkɪj |
| orelha (f) | кулак | kulak |
| costas (f pl) da cabeça | желке | dʒelke |
| pescoço (m) | мoюн | mojʉn |
| garganta (f) | тамак | tamak |
| | | |
| cabelo (m) | чач | tʃatʃ |
| penteado (m) | чач жасоо | tʃatʃ dʒasoo |
| corte (m) de cabelo | чач кыркуу | tʃatʃ kɪrkuu |
| peruca (f) | парик | parik |
| | | |
| bigode (m) | мурут | murut |
| barba (f) | сакал | sakal |
| ter (~ barba, etc.) | мурут коюу | murut kojʉu |
| trança (f) | өрүм чач | ørym tʃatʃ |
| suíças (f pl) | бакенбарда | bakenbarda |
| ruivo (adj) | сары | sarɪ |
| grisalho (adj) | ак чачтуу | ak tʃatʃtuu |

| careca (adj) | таз | taz |
|---|---|---|
| calva (f) | кашка | kaʃka |

| rabo-de-cavalo (m) | куйрук | kujruk |
|---|---|---|
| franja (f) | көкүл | køkyl |

## 25. Corpo humano

| mão (f) | беш манжа | beʃ mandʒa |
|---|---|---|
| braço (m) | кол | kol |

| dedo (m) | манжа | mandʒa |
|---|---|---|
| dedo (m) do pé | манжа | mandʒa |
| polegar (m) | бармак | barmak |
| dedo (m) mindinho | чыпалак | tʃɪpalak |
| unha (f) | тырмак | tɪrmak |

| punho (m) | муштум | muʃtum |
|---|---|---|
| palma (f) | алакан | alakan |
| pulso (m) | билек | bilek |
| antebraço (m) | каруу | karuu |
| cotovelo (m) | чыканак | tʃɪkanak |
| ombro (m) | ийин | ijin |

| perna (f) | бут | but |
|---|---|---|
| pé (m) | таман | taman |
| joelho (m) | тизе | tize |
| panturrilha (f) | балтыр | baltɪr |
| quadril (m) | сан | san |
| calcanhar (m) | согончок | sogontʃok |

| corpo (m) | дене | dene |
|---|---|---|
| barriga (f), ventre (m) | курсак | kursak |
| peito (m) | төш | tøʃ |
| seio (m) | эмчек | emtʃek |
| lado (m) | каптал | kaptal |
| costas (dorso) | арка жон | arka dʒon |
| região (f) lombar | бел | bel |
| cintura (f) | бел | bel |

| umbigo (m) | киндик | kindik |
|---|---|---|
| nádegas (f pl) | жамбаш | dʒambaʃ |
| traseiro (m) | көчүк | køtʃyk |

| sinal (m), pinta (f) | мең | meŋ |
|---|---|---|
| sinal (m) de nascença | кал | kal |
| tatuagem (f) | татуировка | tatuirovka |
| cicatriz (f) | тырык | tɪrɪk |

# Vestuário & Acessórios

## 26. Roupa exterior. Casacos

| | | |
|---|---|---|
| roupa (f) | кийим | kijim |
| roupa (f) exterior | үстүңкү кийим | ystyŋky kijim |
| roupa (f) de inverno | кышкы кийим | kıʃkı kijim |
| | | |
| sobretudo (m) | пальто | palʲto |
| casaco (m) de pele | тон | ton |
| jaqueta (f) de pele | чолок тон | ʧolok ton |
| casaco (m) acolchoado | мамык олпок | mamık olpok |
| | | |
| casaco (m), jaqueta (f) | күрмө | kyrmø |
| impermeável (m) | плащ | plaʃʧ |
| a prova d'água | суу өткүс | suu øtkys |

## 27. Vestuário de homem & mulher

| | | |
|---|---|---|
| camisa (f) | көйнөк | køjnøk |
| calça (f) | шым | ʃım |
| jeans (m) | джинсы | dʒinsı |
| paletó, terno (m) | бешмант | beʃmant |
| terno (m) | костюм | kostɯm |
| | | |
| vestido (ex. ~ de noiva) | көйнөк | køjnøk |
| saia (f) | юбка | jɯbka |
| blusa (f) | блузка | bluzka |
| casaco (m) de malha | кофта | kofta |
| casaco, blazer (m) | кыска бешмант | kıska beʃmant |
| | | |
| camiseta (f) | футболка | futbolka |
| short (m) | чолок шым | ʧolok ʃım |
| training (m) | спорт кийими | sport kijimi |
| roupão (m) de banho | халат | χalat |
| pijama (m) | пижама | pidʒama |
| | | |
| suéter (m) | свитер | sviter |
| pulôver (m) | пуловер | pulover |
| | | |
| colete (m) | жилет | dʒilet |
| fraque (m) | фрак | frak |
| smoking (m) | смокинг | smoking |
| | | |
| uniforme (m) | форма | forma |
| roupa (f) de trabalho | жумуш кийим | dʒumuʃ kijim |
| macacão (m) | комбинезон | kombinezon |
| jaleco (m), bata (f) | халат | χalat |

## 28. Vestuário. Roupa interior

| | | |
|---|---|---|
| roupa (f) íntima | ич кийим | itʃ kijim |
| cueca boxer (f) | эркектер чолок дамбалы | erkekter tʃolok dambalı |
| calcinha (f) | аялдар трусиги | ajaldar trusigi |
| camiseta (f) | майка | majka |
| meias (f pl) | байпак | bajpak |
| | | |
| camisola (f) | жатаарда кийүүчү көйнөк | dʒataarda kijyytʃy køjnøk |
| sutiã (m) | бюстгальтер | bʉstgalʲter |
| meias longas (f pl) | гольфы | golʲfı |
| meias-calças (f pl) | колготки | kolgotki |
| meias (~ de nylon) | байпак | bajpak |
| maiô (m) | купальник | kupalʲnik |

## 29. Adereços de cabeça

| | | |
|---|---|---|
| chapéu (m), touca (f) | топу | topu |
| chapéu (m) de feltro | шляпа | ʃlʲapa |
| boné (m) de beisebol | бейсболка | bejsbolka |
| boina (~ italiana) | кепка | kepka |
| | | |
| boina (ex. ~ basca) | берет | beret |
| capuz (m) | капюшон | kapʉʃon |
| chapéu panamá (m) | панамка | panamka |
| touca (f) | токулган шапка | tokulgan ʃapka |
| | | |
| lenço (m) | жоолук | dʒooluk |
| chapéu (m) feminino | шляпа | ʃlʲapa |
| | | |
| capacete (m) de proteção | каска | kaska |
| bibico (m) | пилотка | pilotka |
| capacete (m) | шлем | ʃlem |
| | | |
| chapéu-coco (m) | котелок | kotelok |
| cartola (f) | цилиндр | tsılindr |

## 30. Calçado

| | | |
|---|---|---|
| calçado (m) | бут кийим | but kijim |
| botinas (f pl), sapatos (m pl) | ботинка | botinka |
| sapatos (de salto alto, etc.) | туфли | tufli |
| botas (f pl) | өтүк | øtyk |
| pantufas (f pl) | тапочка | tapotʃka |
| | | |
| tênis (~ Nike, etc.) | кроссовка | krossovka |
| tênis (~ Converse) | кеды | kedı |
| sandálias (f pl) | сандалии | sandalii |
| | | |
| sapateiro (m) | өтүкчү | øtyktʃy |
| salto (m) | така | taka |

| | | |
|---|---|---|
| par (m) | түгөй | tygøj |
| cadarço (m) | боо | boo |
| amarrar os cadarços | боолоо | booloo |
| calçadeira (f) | кашык | kaʃık |
| graxa (f) para calçado | өтүк май | øtyk maj |

## 31. Acessórios pessoais

| | | |
|---|---|---|
| luva (f) | колкап | kolkap |
| mitenes (f pl) | мээлей | meelej |
| cachecol (m) | моюн орогуч | mojʉn orogutʃ |
| | | |
| óculos (m pl) | көз айнек | køz ajnek |
| armação (f) | алкак | alkak |
| guarda-chuva (m) | чатырча | tʃatırtʃa |
| bengala (f) | аса таяк | asa tajak |
| escova (f) para o cabelo | тарак | tarak |
| leque (m) | желпингич | dʒelpingitʃ |
| | | |
| gravata (f) | галстук | galstuk |
| gravata-borboleta (f) | галстук-бабочка | galstuk-babotʃka |
| suspensórios (m pl) | шым тарткыч | ʃım tartkıtʃ |
| lenço (m) | бетаарчы | betaartʃı |
| | | |
| pente (m) | тарак | tarak |
| fivela (f) para cabelo | чачсайгы | tʃatʃsajgı |
| grampo (m) | шпилька | ʃpilʲka |
| fivela (f) | таралга | taralga |
| | | |
| cinto (m) | кайыш кур | kajıʃ kur |
| alça (f) de ombro | илгич | ilgitʃ |
| | | |
| bolsa (f) | колбаштык | kolbaʃtık |
| bolsa (feminina) | кичине колбаштык | kitʃine kolbaʃtık |
| mochila (f) | жонбаштык | dʒonbaʃtık |

## 32. Vestuário. Diversos

| | | |
|---|---|---|
| moda (f) | мода | moda |
| na moda (adj) | саркеч | sarketʃ |
| estilista (m) | модельер | modeljer |
| | | |
| colarinho (m) | жака | dʒaka |
| bolso (m) | чөнтөк | tʃøntøk |
| de bolso | чөнтөк | tʃøntøk |
| manga (f) | жең | dʒeŋ |
| ganchinho (m) | илгич | ilgitʃ |
| bragueta (f) | ширинка | ʃirinka |
| | | |
| zíper (m) | молния | molnija |
| colchete (m) | топчулук | toptʃuluk |
| botão (m) | топчу | toptʃu |

| botoeira (casa de botão) | илмек | ilmek |
| soltar-se (vr) | үзүлүү | yzylyy |

| costurar (vi) | тигүү | tigyy |
| bordar (vt) | сайма саюу | sajma sajɯu |
| bordado (m) | сайма | sajma |
| agulha (f) | ийне | ijne |
| fio, linha (f) | жип | dʒip |
| costura (f) | тигиш | tigiʃ |

| sujar-se (vr) | булгап алуу | bulgap aluu |
| mancha (f) | так | tak |
| amarrotar-se (vr) | бырышып калуу | bırıʃıp kaluu |
| rasgar (vt) | айрылуу | ajrıluu |
| traça (f) | күбө | kybø |

## 33. Cuidados pessoais. Cosméticos

| pasta (f) de dente | тиш пастасы | tiʃ pastası |
| escova (f) de dente | тиш щёткасы | tiʃ ʃtʃʲotkası |
| escovar os dentes | тиш жуу | tiʃ dʒuu |

| gilete (f) | устара | ustara |
| creme (m) de barbear | кырынуу үчүн көбүк | kırınuu ytʃyn købyk |
| barbear-se (vr) | кырынуу | kırınuu |

| sabonete (m) | самын | samın |
| xampu (m) | шампунь | ʃampunʲ |

| tesoura (f) | кайчы | kajtʃı |
| lixa (f) de unhas | тырмак өгөө | tırmak øgøø |
| corta-unhas (m) | тырмак кычкачы | tırmak kıtʃkatʃı |
| pinça (f) | искек | iskek |

| cosméticos (m pl) | упа-эндик | upa-endik |
| máscara (f) | маска | maska |
| manicure (f) | маникюр | manikɯr |
| fazer as unhas | маникюр жасоо | manikdʒɯr dʒasoo |
| pedicure (f) | педикюр | pedikɯr |

| bolsa (f) de maquiagem | косметичка | kosmetitʃka |
| pó (de arroz) | упа | upa |
| pó (m) compacto | упа кутусу | upa kutusu |
| blush (m) | эндик | endik |

| perfume (m) | атыр | atır |
| água-de-colônia (f) | туалет атыр суусу | tualet atır suusu |
| loção (f) | лосьон | losʲon |
| colônia (f) | одеколон | odekolon |

| sombra (f) de olhos | көз боёгу | køz bojogu |
| delineador (m) | көз карандашы | køz karandaʃı |
| máscara (f), rímel (m) | кирпик үчүн боек | kirpik ytʃyn boek |
| batom (m) | эрин помадасы | erin pomadası |

| esmalte (m) | тырмак үчүн лак | tırmak ytʃyn lak |
| laquê (m), spray fixador (m) | чач үчүн лак | tʃatʃ ytʃyn lak |
| desodorante (m) | дезодорант | dezodorant |

| creme (m) | крем | krem |
| creme (m) de rosto | бетмай | betmaj |
| creme (m) de mãos | кол үчүн май | kol ytʃyn maj |
| creme (m) antirrugas | бырыштарга каршы бет май | bırıʃtarga karʃı bet maj |
| creme (m) de dia | күндүзгү бет май | kyndyzgy bet maj |
| creme (m) de noite | түнкү бет май | tynky bet maj |
| de dia | күндүзгү | kyndyzgy |
| da noite | түнкү | tynky |

| absorvente (m) interno | тампон | tampon |
| papel (m) higiênico | daapaт кагазы | daarat kagazı |
| secador (m) de cabelo | фен | fen |

## 34. Relógios de pulso. Relógios

| relógio (m) de pulso | кол саат | kol saat |
| mostrador (m) | циферблат | tsıferblat |
| ponteiro (m) | жебе | dʒebe |
| bracelete (em aço) | браслет | braslet |
| bracelete (em couro) | кайыш кур | kajıʃ kur |

| pilha (f) | батарейка | batarejka |
| acabar (vi) | зарядканын түгөнүүсү | zarʲadkanın tygønyysy |
| trocar a pilha | батарейка алмаштыруу | batarejka almaʃtıruu |
| estar adiantado | алдыга кетүү | aldıga ketyy |
| estar atrasado | калуу | kaluu |

| relógio (m) de parede | дубалга тагуучу саат | dubalga taguutʃu saat |
| ampulheta (f) | кум саат | kum saat |
| relógio (m) de sol | күн саат | kyn saat |
| despertador (m) | ойготкуч саат | ojgotkutʃ saat |
| relojoeiro (m) | саат устасы | saat ustası |
| reparar (vt) | оңдоо | oŋdoo |

# Alimentação. Nutrição

## 35. Comida

| | | |
|---|---|---|
| carne (f) | эт | et |
| galinha (f) | тоок | took |
| frango (m) | балапан | balapan |
| pato (m) | өрдөк | ørdøk |
| ganso (m) | каз | kaz |
| caça (f) | илбээсин | ilbeesin |
| peru (m) | күрп | kyrp |
| | | |
| carne (f) de porco | чочко эти | t͡ʃot͡ʃko eti |
| carne (f) de vitela | торпок эти | torpok eti |
| carne (f) de carneiro | кой эти | koj eti |
| carne (f) de vaca | уй эти | uj eti |
| carne (f) de coelho | коен | koen |
| | | |
| linguiça (f), salsichão (m) | колбаса | kolbasa |
| salsicha (f) | сосиска | sosiska |
| bacon (m) | бекон | bekon |
| presunto (m) | ветчина | vett͡ʃina |
| pernil (m) de porco | сан эт | san et |
| | | |
| patê (m) | паштет | paʃtet |
| fígado (m) | боор | boor |
| guisado (m) | фарш | farʃ |
| língua (f) | тил | til |
| | | |
| ovo (m) | жумуртка | d͡ʒumurtka |
| ovos (m pl) | жумурткалар | d͡ʒumurtkalar |
| clara (f) de ovo | жумуртканын агы | d͡ʒumurtkanın agı |
| gema (f) de ovo | жумуртканын сарысы | d͡ʒumurtkanın sarısı |
| | | |
| peixe (m) | балык | balık |
| mariscos (m pl) | деңиз азыктары | deŋiz azıktarı |
| crustáceos (m pl) | рак сыяктуулар | rak sıjaktuular |
| caviar (m) | урук | uruk |
| | | |
| caranguejo (m) | краб | krab |
| camarão (m) | креветка | krevetka |
| ostra (f) | устрица | ustrit͡sa |
| lagosta (f) | лангуст | langust |
| polvo (m) | сегиз бут | segiz but |
| lula (f) | кальмар | kalʲmar |
| | | |
| esturjão (m) | осетрина | osetrina |
| salmão (m) | лосось | lososʲ |
| halibute (m) | палтус | paltus |
| bacalhau (m) | треска | treska |

| cavala, sarda (f) | скумбрия | skumbrija |
| atum (m) | тунец | tunets |
| enguia (f) | угорь | ugorʲ |

| truta (f) | форель | forelʲ |
| sardinha (f) | сардина | sardina |
| lúcio (m) | чортон | tʃorton |
| arenque (m) | сельдь | selʲdʲ |

| pão (m) | нан | nan |
| queijo (m) | сыр | sɪr |
| açúcar (m) | кум шекер | kum-ʃeker |
| sal (m) | туз | tuz |

| arroz (m) | күрүч | kyrytʃ |
| massas (f pl) | макарон | makaron |
| talharim, miojo (m) | кесме | kesme |

| manteiga (f) | ак май | ak maj |
| óleo (m) vegetal | өсүмдүк майы | øsymdyk majı |
| óleo (m) de girassol | күн карама майы | kyn karama majı |
| margarina (f) | маргарин | margarin |

| azeitonas (f pl) | зайтун | zajtun |
| azeite (m) | зайтун майы | zajtun majı |

| leite (m) | сүт | syt |
| leite (m) condensado | коютулган сүт | kojutulgan syt |
| iogurte (m) | йогурт | jogurt |
| creme (m) azedo | сметана | smetana |
| creme (m) de leite | каймак | kajmak |

| maionese (f) | майонез | majonez |
| creme (m) | крем | krem |

| grãos (m pl) de cereais | акшак | akʃak |
| farinha (f) | ун | un |
| enlatados (m pl) | консерва | konserva |

| flocos (m pl) de milho | жарылган жүгөрү | dʒarılgan dʒygøry |
| mel (m) | бал | bal |
| geleia (m) | джем, конфитюр | dʒem, konfitur |
| chiclete (m) | сагыз | sagız |

## 36. Bebidas

| água (f) | суу | suu |
| água (f) potável | ичүүчү суу | itʃyytʃy suu |
| água (f) mineral | минерал суусу | mineral suusu |

| sem gás (adj) | газсыз | gazsız |
| gaseificada (adj) | газдалган | gazdalgan |
| com gás | газы менен | gazı menen |
| gelo (m) | муз | muz |

| com gelo | музу менен | muzu menen |
| não alcoólico (adj) | алкоголсуз | alkogolsuz |
| refrigerante (m) | алкоголсуз ичимдик | alkogolsuz itʃimdik |
| refresco (m) | суусундук | suusunduk |
| limonada (f) | лимонад | limonad |

| bebidas (f pl) alcoólicas | спирт ичимдиктери | spirt itʃimdikteri |
| vinho (m) | шарап | ʃarap |
| vinho (m) branco | ак шарап | ak ʃarap |
| vinho (m) tinto | кызыл шарап | kızıl ʃarap |

| licor (m) | ликёр | likʲor |
| champanhe (m) | шампан | ʃampan |
| vermute (m) | вермут | vermut |

| uísque (m) | виски | viski |
| vodca (f) | арак | arak |
| gim (m) | джин | dʒin |
| conhaque (m) | коньяк | konjak |
| rum (m) | ром | rom |

| café (m) | кофе | kofe |
| café (m) preto | кара кофе | kara kofe |
| café (m) com leite | сүттөлгөн кофе | syttølgøn kofe |
| cappuccino (m) | капучино | kaputʃino |
| café (m) solúvel | эрүүчү кофе | eryytʃy kofe |

| leite (m) | сүт | syt |
| coquetel (m) | коктейль | koktejlʲ |
| batida (f), milkshake (m) | сүт коктейли | syt koktejli |

| suco (m) | шире | ʃire |
| suco (m) de tomate | томат ширеси | tomat ʃiresi |
| suco (m) de laranja | апельсин ширеси | apelʲsin ʃiresi |
| suco (m) fresco | түз сыгылып алынган шире | tyz sıgılıp alıngan ʃire |

| cerveja (f) | сыра | sıra |
| cerveja (f) clara | ачык сыра | atʃık sıra |
| cerveja (f) preta | коңур сыра | koŋur sıra |

| chá (m) | чай | tʃaj |
| chá (m) preto | кара чай | kara tʃaj |
| chá (m) verde | жашыл чай | dʒaʃıl tʃaj |

## 37. Vegetais

| vegetais (m pl) | жашылча | dʒaʃıltʃa |
| verdura (f) | көк чөп | køk tʃøp |

| tomate (m) | помидор | pomidor |
| pepino (m) | бадыраң | badıraŋ |
| cenoura (f) | сабиз | sabiz |
| batata (f) | картошка | kartoʃka |

| | | |
|---|---|---|
| cebola (f) | пияз | pijaz |
| alho (m) | сарымсак | sarımsak |
| | | |
| couve (f) | капуста | kapusta |
| couve-flor (f) | гүлдүү капуста | gyldyy kapusta |
| couve-de-bruxelas (f) | брюссель капустасы | br<del></del>sselʲ kapustası |
| brócolis (m pl) | брокколи капустасы | brokkoli kapustası |
| | | |
| beterraba (f) | кызылча | kızıltʃa |
| berinjela (f) | баклажан | bakladʒan |
| abobrinha (f) | кабачок | kabatʃok |
| abóbora (f) | ашкабак | aʃkabak |
| nabo (m) | шалгам | ʃalgam |
| | | |
| salsa (f) | петрушка | petruʃka |
| endro, aneto (m) | укроп | ukrop |
| alface (f) | салат | salat |
| aipo (m) | сельдерей | selʲderej |
| aspargo (m) | спаржа | spardʒa |
| espinafre (m) | шпинат | ʃpinat |
| | | |
| ervilha (f) | нокот | nokot |
| feijão (~ soja, etc.) | буурчак | buurtʃak |
| milho (m) | жүгөрү | dʒygøry |
| feijão (m) roxo | төө буурчак | tøø buurtʃak |
| | | |
| pimentão (m) | таттуу перец | tattuu perets |
| rabanete (m) | шалгам | ʃalgam |
| alcachofra (f) | артишок | artiʃok |

## 38. Frutos. Nozes

| | | |
|---|---|---|
| fruta (f) | мөмө | mømø |
| maçã (f) | алма | alma |
| pera (f) | алмурут | almurut |
| limão (m) | лимон | limon |
| laranja (f) | апельсин | apelʲsin |
| morango (m) | кулпунай | kulpunaj |
| | | |
| tangerina (f) | мандарин | mandarin |
| ameixa (f) | кара өрүк | kara øryk |
| pêssego (m) | шабдаалы | ʃabdaalı |
| damasco (m) | өрүк | øryk |
| framboesa (f) | дан куурай | dan kuuraj |
| abacaxi (m) | ананас | ananas |
| | | |
| banana (f) | банан | banan |
| melancia (f) | арбуз | arbuz |
| uva (f) | жүзүм | dʒyzym |
| ginja (f) | алча | altʃa |
| cereja (f) | гилас | gilas |
| melão (m) | коон | koon |
| toranja (f) | грейпфрут | grejpfrut |
| abacate (m) | авокадо | avokado |

| mamão (m) | папайя | papaja |
| manga (f) | манго | mango |
| romã (f) | анар | anar |

| groselha (f) vermelha | кызыл карагат | kızıl karagat |
| groselha (f) negra | кара карагат | kara karagat |
| groselha (f) espinhosa | крыжовник | krıdʒovnik |
| mirtilo (m) | кара моюл | kara mojul |
| amora (f) silvestre | кара бүлдүркөн | kara byldyrkøn |

| passa (f) | мейиз | mejiz |
| figo (m) | анжир | andʒir |
| tâmara (f) | курма | kurma |

| amendoim (m) | арахис | araχis |
| amêndoa (f) | бадам | badam |
| noz (f) | жаңгак | dʒaŋgak |
| avelã (f) | токой жаңгагы | tokoj dʒaŋgagı |
| coco (m) | кокос жаңгагы | kokos dʒaŋgagı |
| pistaches (m pl) | мисте | miste |

## 39. Pão. Bolaria

| pastelaria (f) | кондитер азыктары | konditer azıktarı |
| pão (m) | нан | nan |
| biscoito (m), bolacha (f) | печенье | petʃenje |

| chocolate (m) | шоколад | ʃokolad |
| de chocolate | шоколаддан | ʃokoladdan |
| bala (f) | конфета | konfeta |
| doce (bolo pequeno) | пирожное | pirodʒnoe |
| bolo (m) de aniversário | торт | tort |

| torta (f) | пирог | pirog |
| recheio (m) | начинка | natʃinka |

| geleia (m) | кыям | kıjam |
| marmelada (f) | мармелад | marmelad |
| wafers (m pl) | вафли | vafli |
| sorvete (m) | бал муздак | bal muzdak |
| pudim (m) | пудинг | puding |

## 40. Pratos cozinhados

| prato (m) | тамак | tamak |
| cozinha (~ portuguesa) | даам | daam |
| receita (f) | тамак жасоо ыкмасы | tamak dʒasoo ıkması |
| porção (f) | порция | portsija |

| salada (f) | салат | salat |
| sopa (f) | сорпо | sorpo |
| caldo (m) | ынак сорпо | ınak sorpo |

| | | |
|---|---|---|
| sanduíche (m) | бутерброд | buterbrod |
| ovos (m pl) fritos | куурулган жумуртка | kuurulgan dʒumurtka |
| | | |
| hambúrguer (m) | гамбургер | gamburger |
| bife (m) | бифштекс | bifʃteks |
| | | |
| acompanhamento (m) | гарнир | garnir |
| espaguete (m) | спагетти | spagetti |
| purê (m) de batata | эзилген картошка | ezilgen kartoʃka |
| pizza (f) | пицца | pitsa |
| mingau (m) | ботко | botko |
| omelete (f) | омлет | omlet |
| | | |
| fervido (adj) | сууга бышырылган | suuga bıʃırılgan |
| defumado (adj) | ышталган | ıʃtalgan |
| frito (adj) | куурулган | kuurulgan |
| seco (adj) | кургатылган | kurgatılgan |
| congelado (adj) | тоңдурулган | toŋdurulgan |
| em conserva (adj) | маринаддагы | marinaddagı |
| | | |
| doce (adj) | таттуу | tattuu |
| salgado (adj) | туздуу | tuzduu |
| frio (adj) | муздак | muzdak |
| quente (adj) | ысык | ısık |
| amargo (adj) | ачуу | atʃuu |
| gostoso (adj) | даамдуу | daamduu |
| | | |
| cozinhar em água fervente | кайнатуу | kajnatuu |
| preparar (vt) | тамак бышыруу | tamak bıʃıruu |
| fritar (vt) | кууруу | kuuruu |
| aquecer (vt) | жылытуу | dʒılıtuu |
| | | |
| salgar (vt) | туздоо | tuzdoo |
| apimentar (vt) | калемпир кошуу | kalempir koʃuu |
| ralar (vt) | сүргүлөө | syrgyløø |
| casca (f) | сырты | sırtı |
| descascar (vt) | тазалоо | tazaloo |

## 41. Especiarias

| | | |
|---|---|---|
| sal (m) | туз | tuz |
| salgado (adj) | туздуу | tuzduu |
| salgar (vt) | туздоо | tuzdoo |
| | | |
| pimenta-do-reino (f) | кара мурч | kara murtʃ |
| pimenta (f) vermelha | кызыл калемпир | kızıl kalempir |
| mostarda (f) | горчица | gortʃitsa |
| raiz-forte (f) | хрен | χren |
| | | |
| condimento (m) | татымал | tatımal |
| especiaria (f) | татымал | tatımal |
| molho (~ inglês) | соус | sous |
| vinagre (m) | уксус | uksus |
| anis estrelado (m) | анис | anis |

| | | |
|---|---|---|
| manjericão (m) | райхон | rajxon |
| cravo (m) | гвоздика | gvozdika |
| gengibre (m) | имбирь | imbirʲ |
| coentro (m) | кориандр | koriandr |
| canela (f) | корица | koritsa |

| | | |
|---|---|---|
| gergelim (m) | кунжут | kundʒut |
| folha (f) de louro | лавр жалбырагы | lavr dʒalbɨragɨ |
| páprica (f) | паприка | paprika |
| cominho (m) | зира | zira |
| açafrão (m) | заапаран | zaaparan |

## 42. Refeições

| | | |
|---|---|---|
| comida (f) | тамак | tamak |
| comer (vt) | тамактануу | tamaktanuu |

| | | |
|---|---|---|
| café (m) da manhã | таңкы тамак | taŋkɨ tamak |
| tomar café da manhã | эртең менен тамактануу | erteŋ menen tamaktanuu |
| almoço (m) | түшкү тамак | tyʃky tamak |
| almoçar (vi) | түштөнүү | tyʃtønyy |
| jantar (m) | кечки тамак | ketʃki tamak |
| jantar (vi) | кечки тамакты ичүү | ketʃki tamaktɨ itʃyy |

| | | |
|---|---|---|
| apetite (m) | табит | tabit |
| Bom apetite! | Тамагыңыз таттуу болсун! | tamagɨŋɨz tattuu bolsun! |

| | | |
|---|---|---|
| abrir (~ uma lata, etc.) | ачуу | atʃuu |
| derramar (~ líquido) | төгүп алуу | tøgyp aluu |
| derramar-se (vr) | төгүлүү | tøgylyy |
| ferver (vi) | кайноо | kajnoo |
| ferver (vt) | кайнатуу | kajnatuu |
| fervido (adj) | кайнатылган | kajnatɨlgan |
| esfriar (vt) | суутуу | suutuu |
| esfriar-se (vr) | сууп туруу | suup turuu |

| | | |
|---|---|---|
| sabor, gosto (m) | даам | daam |
| fim (m) de boca | даамдануу | daamdanuu |

| | | |
|---|---|---|
| emagrecer (vi) | арыктоо | arɨktoo |
| dieta (f) | мүнөз тамак | mynøz tamak |
| vitamina (f) | витамин | vitamin |
| caloria (f) | калория | kalorija |
| vegetariano (m) | эттен чанган | etten tʃangan |
| vegetariano (adj) | этсиз даярдалган | etsiz dajardalgan |

| | | |
|---|---|---|
| gorduras (f pl) | майлар | majlar |
| proteínas (f pl) | белоктор | beloktor |
| carboidratos (m pl) | көмүрсуулар | kømyrsuular |

| | | |
|---|---|---|
| fatia (~ de limão, etc.) | кесим | kesim |
| pedaço (~ de bolo) | бөлүк | bølyk |
| migalha (f), farelo (m) | күкүм | kykym |

## 43. Por a mesa

| colher (f) | кашык | kaʃık |
| faca (f) | бычак | bıtʃak |
| garfo (m) | вилка | vilka |

| xícara (f) | чөйчөк | tʃøjtʃøk |
| prato (m) | табак | tabak |
| pires (m) | табак | tabak |
| guardanapo (m) | майлык | majlık |
| palito (m) | тиш чукугуч | tiʃ tʃukugutʃ |

## 44. Restaurante

| restaurante (m) | ресторан | restoran |
| cafeteria (f) | кофекана | kofekana |
| bar (m), cervejaria (f) | бар | bar |
| salão (m) de chá | чай салону | tʃaj salonu |

| garçom (m) | официант | ofitsiant |
| garçonete (f) | официант кыз | ofitsiant kız |
| barman (m) | бармен | barmen |

| cardápio (m) | меню | menʉ |
| lista (f) de vinhos | шарап картасы | ʃarap kartası |
| reservar uma mesa | столду камдык буйрутмалоо | stoldu kamdık bujrutmaloo |

| prato (m) | тамак | tamak |
| pedir (vt) | буйрутма кылуу | bujrutma kıluu |
| fazer o pedido | буйрутма берүү | bujrutma beryy |

| aperitivo (m) | аперитив | aperitiv |
| entrada (f) | ысылык | ısılık |
| sobremesa (f) | десерт | desert |

| conta (f) | эсеп | esep |
| pagar a conta | эсеп төлөө | esep tøløø |
| dar o troco | майда акчаны кайтаруу | majda aktʃanı kajtaruu |
| gorjeta (f) | чайпул | tʃajpul |

# Família, parentes e amigos

## 45. Informação pessoal. Formulários

| | | |
|---|---|---|
| nome (m) | аты | atı |
| sobrenome (m) | фамилиясы | familijası |
| data (f) de nascimento | төрөлгөн күнү | tørølgøn kyny |
| local (m) de nascimento | туулган жери | tuulgan dʒeri |
| nacionalidade (f) | улуту | ulutu |
| lugar (m) de residência | жашаган жери | dʒaʃagan dʒeri |
| país (m) | өлкө | ølkø |
| profissão (f) | кесиби | kesibi |
| sexo (m) | жынысы | dʒınısı |
| estatura (f) | бою | bojɯ |
| peso (m) | салмак | salmak |

## 46. Membros da família. Parentes

| | | |
|---|---|---|
| mãe (f) | эне | ene |
| pai (m) | ата | ata |
| filho (m) | уул | uul |
| filha (f) | кыз | kız |
| caçula (f) | кичүү кыз | kitʃyy kız |
| caçula (m) | кичүү уул | kitʃyy uul |
| filha (f) mais velha | улуу кыз | uluu kız |
| filho (m) mais velho | улуу уул | uluu uul |
| irmão (m) | бир тууган | bir tuugan |
| irmão (m) mais velho | байке | bajke |
| irmão (m) mais novo | ини | ini |
| irmã (f) | бир тууган | bir tuugan |
| irmã (f) mais velha | эже | edʒe |
| irmã (f) mais nova | синди | siŋdi |
| primo (m) | атасы же энеси бир тууган | atası dʒe enesi bir tuugan |
| prima (f) | атасы же энеси бир тууган | atası dʒe enesi bir tuugan |
| mamãe (f) | апа | apa |
| papai (m) | ата | ata |
| pais (pl) | ата-эне | ata-ene |
| criança (f) | бала | bala |
| crianças (f pl) | балдар | baldar |
| avó (f) | чоң апа | tʃoŋ apa |

44

| | | |
|---|---|---|
| avô (m) | чоң ата | tʃoŋ ata |
| neto (m) | небере бала | nebere bala |
| neta (f) | небере кыз | nebere kız |
| netos (pl) | небелер | nebereler |
| | | |
| tio (m) | таяке | tajake |
| tia (f) | таяже | tajadʒe |
| sobrinho (m) | ини | ini |
| sobrinha (f) | жээн | dʒeen |
| | | |
| sogra (f) | кайын эне | kajın ene |
| sogro (m) | кайын ата | kajın ata |
| genro (m) | күйөө бала | kyjøø bala |
| madrasta (f) | өгөй эне | øgøj ene |
| padrasto (m) | өгөй ата | øgøj ata |
| | | |
| criança (f) de colo | эмчектеги бала | emtʃektegi bala |
| bebê (m) | ымыркай | ımırkaj |
| menino (m) | бөбөк | bøbøk |
| | | |
| mulher (f) | аял | ajal |
| marido (m) | эр | er |
| esposo (m) | күйөө | kyjøø |
| esposa (f) | зайып | zajıp |
| | | |
| casado (adj) | аялы бар | ajalı bar |
| casada (adj) | күйөөдө | kyjøødø |
| solteiro (adj) | бойдок | bojdok |
| solteirão (m) | бойдок | bojdok |
| divorciado (adj) | ажырашкан | adʒıraʃkan |
| viúva (f) | жесир | dʒesir |
| viúvo (m) | жесир | dʒesir |
| | | |
| parente (m) | тууган | tuugan |
| parente (m) próximo | жакын тууган | dʒakın tuugan |
| parente (m) distante | алыс тууган | alıs tuugan |
| parentes (m pl) | бир тууган | bir tuugan |
| | | |
| órfão (m), órfã (f) | жетим | dʒetim |
| tutor (m) | камкорчу | kamkortʃu |
| adotar (um filho) | уул кылып асырап алуу | uul kılıp asırap aluu |
| adotar (uma filha) | кыз кылып асырап алуу | kız kılıp asırap aluu |

# Medicina

## 47. Doenças

| | | |
|---|---|---|
| doença (f) | оору | ooru |
| estar doente | оорүү | ooruu |
| saúde (f) | ден-соолук | den-sooluk |
| | | |
| nariz (m) escorrendo | мурдунан суу агуу | murdunan suu aguu |
| amigdalite (f) | ангина | angina |
| resfriado (m) | суук тийүү | suuk tijyy |
| ficar resfriado | суук тийгизип алуу | suuk tijgizip aluu |
| | | |
| bronquite (f) | бронхит | bronχit |
| pneumonia (f) | кабыргадан сезгенүү | kabırgadan sezgenyy |
| gripe (f) | сасык тумоо | sasık tumoo |
| | | |
| míope (adj) | алыстан көрө албоо | alıstan kørø alboo |
| presbita (adj) | жакындан көрө албоо | dʒakından kørø alboo |
| estrabismo (m) | кылый көздүүлүк | kılıj køzdyylyk |
| estrábico, vesgo (adj) | кылый көздүүлүк | kılıj køzdyylyk |
| catarata (f) | челкөз | tʃelkøz |
| glaucoma (m) | глаукома | glaukoma |
| | | |
| AVC (m), apoplexia (f) | мээге кан куюлуу | meege kan kujuluu |
| ataque (m) cardíaco | инфаркт | infarkt |
| enfarte (m) do miocárdio | инфаркт миокарда | infarkt miokarda |
| paralisia (f) | шал | ʃal |
| paralisar (vt) | шал болуу | ʃal boluu |
| | | |
| alergia (f) | аллергия | allergija |
| asma (f) | астма | astma |
| diabetes (f) | диабет | diabet |
| | | |
| dor (f) de dente | тиш оорусу | tiʃ oorusu |
| cárie (f) | кариес | karies |
| | | |
| diarreia (f) | ич өткү | itʃ øtky |
| prisão (f) de ventre | ич катуу | itʃ katuu |
| desarranjo (m) intestinal | ич бузулгандык | itʃ buzulgandık |
| intoxicação (f) alimentar | уулануу | uulanuu |
| intoxicar-se | уулануу | uulanuu |
| | | |
| artrite (f) | артрит | artrit |
| raquitismo (m) | итий | itij |
| reumatismo (m) | кызыл жүгүрүк | kızıl dʒygyryk |
| arteriosclerose (f) | атеросклероз | ateroskleroz |
| | | |
| gastrite (f) | карын сезгенүүсу | karın sezgenyysu |
| apendicite (f) | аппендицит | appenditsit |

| colecistite (f) | холецистит | χoletsistit |
| úlcera (f) | жара | dʒara |

| sarampo (m) | кызылча | kızıltʃa |
| rubéola (f) | кызамык | kızamık |
| icterícia (f) | сарык | sarık |
| hepatite (f) | гепатит | gepatit |

| esquizofrenia (f) | шизофрения | ʃizofrenija |
| raiva (f) | кутурма | kuturma |
| neurose (f) | невроз | nevroz |
| contusão (f) cerebral | мээнин чайкалышы | meenin tʃajkalıʃı |

| câncer (m) | рак | rak |
| esclerose (f) | склероз | skleroz |
| esclerose (f) múltipla | жайылган склероз | dʒajılgan skleroz |

| alcoolismo (m) | аракечтик | araketʃtik |
| alcoólico (m) | аракеч | araketʃ |
| sífilis (f) | котон жара | koton dʒara |
| AIDS (f) | СПИД | spid |

| tumor (m) | шишик | ʃiʃik |
| maligno (adj) | залалдуу | zalalduu |
| benigno (adj) | залалсыз | zalalsız |

| febre (f) | безгек | bezgek |
| malária (f) | безгек | bezgek |
| gangrena (f) | кабыз | kabız |
| enjoo (m) | деңиз оорусу | deŋiz oorusu |
| epilepsia (f) | талма | talma |

| epidemia (f) | эпидемия | epidemija |
| tifo (m) | келте | kelte |
| tuberculose (f) | кургак учук | kurgak utʃuk |
| cólera (f) | холера | χolera |
| peste (f) bubônica | кара тумоо | kara tumoo |

## 48. Sintomas. Tratamentos. Parte 1

| sintoma (m) | белги | belgi |
| temperatura (f) | дене табынын көтөрүлүшү | dene tabının køtørylyʃy |

| febre (f) | жогорку температура | dʒogorku temperatura |
| pulso (m) | тамыр кагышы | tamır kagıʃı |

| vertigem (f) | баш айлануу | baʃ ajlanuu |
| quente (testa, etc.) | ысык | ısık |
| calafrio (m) | чыйрыгуу | tʃıjrıguu |
| pálido (adj) | купкуу | kupkuu |

| tosse (f) | жөтөл | dʒøtøl |
| tossir (vi) | жөтөлүү | dʒøtølyy |
| espirrar (vi) | чүчкүрүү | tʃytʃkyryy |

| desmaio (m) | эси оо | esi oo |
| desmaiar (vi) | эси ооп жыгылуу | esi oop dʒıgıluu |

| mancha (f) preta | көк-ала | køk-ala |
| galo (m) | шишик | ʃiʃik |
| machucar-se (vr) | урунуп алуу | urunup aluu |
| contusão (f) | көгөртүп алуу | køgørtyp aluu |
| machucar-se (vr) | көгөртүп алуу | køgørtyp aluu |

| mancar (vi) | аксоо | aksoo |
| deslocamento (f) | муундун чыгып кетүүсү | muundun tʃıgıp ketyysy |
| deslocar (vt) | чыгарып алуу | tʃıgarıp aluu |
| fratura (f) | сынуу | sınuu |
| fraturar (vt) | сындырып алуу | sındırıp aluu |

| corte (m) | кесилген жер | kesilgen dʒer |
| cortar-se (vr) | кесип алуу | kesip aluu |
| hemorragia (f) | кан кетүү | kan ketyy |

| queimadura (f) | күйүк | kyjyk |
| queimar-se (vr) | күйгүзүп алуу | kyjgyzyp aluu |

| picar (vt) | саюу | sajʉu |
| picar-se (vr) | сайып алуу | sajıp aluu |
| lesionar (vt) | кокустатып алуу | kokustatıp aluu |
| lesão (m) | кокустатып алуу | kokustatıp aluu |
| ferida (f), ferimento (m) | жара | dʒara |
| trauma (m) | жаракат | dʒarakat |

| delirar (vi) | жөлүү | dʒølyy |
| gaguejar (vi) | кекечтенүү | keketʃtenyy |
| insolação (f) | күн өтүү | kyn øtyy |

## 49. Sintomas. Tratamentos. Parte 2

| dor (f) | оору | ooru |
| farpa (no dedo, etc.) | тикен | tiken |

| suor (m) | тер | ter |
| suar (vi) | тердөө | terdøø |
| vômito (m) | кусуу | kusuu |
| convulsões (f pl) | тарамыш карышуусу | taramıʃ karıʃuusu |

| grávida (adj) | кош бойлуу | koʃ bojluu |
| nascer (vi) | төрөлүү | tørølyy |
| parto (m) | төрөт | tørøt |
| dar à luz | төрөө | tørøø |
| aborto (m) | бойдон түшүрүү | bojdon tyʃyryy |

| respiração (f) | дем алуу | dem aluu |
| inspiração (f) | дем алуу | dem aluu |
| expiração (f) | дем чыгаруу | dem tʃıgaruu |
| expirar (vi) | дем чыгаруу | dem tʃıgaruu |
| inspirar (vi) | дем алуу | dem aluu |

| inválido (m) | майып | majıp |
| aleijado (m) | мунжу | mundʒu |
| drogado (m) | баңги | baŋgi |

| surdo (adj) | дүлөй | dyløj |
| mudo (adj) | дудук | duduk |
| surdo-mudo (adj) | дудук | duduk |

| louco, insano (adj) | жин тийген | dʒin tijgen |
| louco (m) | жинди чалыш | dʒindi ʧalıʃ |
| louca (f) | жинди чалыш | dʒindi ʧalıʃ |
| ficar louco | мээси айныган | meesi ajnıgan |

| gene (m) | ген | gen |
| imunidade (f) | иммунитет | immunitet |
| hereditário (adj) | тукум куучулук | tukum kuuʧuluk |
| congênito (adj) | тубаса | tubasa |

| vírus (m) | вирус | virus |
| micróbio (m) | микроб | mikrob |
| bactéria (f) | бактерия | bakterija |
| infecção (f) | жугуштуу илдет | dʒuguʃtuu ildet |

## 50. Sintomas. Tratamentos. Parte 3

| hospital (m) | оорукана | oorukana |
| paciente (m) | бейтап | bejtap |

| diagnóstico (m) | дарт аныктоо | dart anıktoo |
| cura (f) | дарылоо | darıloo |
| tratamento (m) médico | дарылоо | darıloo |
| curar-se (vr) | дарылануу | darılanuu |
| tratar (vt) | дарылоо | darıloo |
| cuidar (pessoa) | кароо | karoo |
| cuidado (m) | кароо | karoo |

| operação (f) | операция | operatsija |
| enfaixar (vt) | жараны таңуу | dʒaranı taŋuu |
| enfaixamento (m) | таңуу | taŋuu |

| vacinação (f) | эмдөө | emdøø |
| vacinar (vt) | эмдөө | emdøø |
| injeção (f) | ийне салуу | ijne saluu |
| dar uma injeção | ийне сайдыруу | ijne sajdıruu |

| ataque (~ de asma, etc.) | оору кармап калуу | ooru karmap kaluu |
| amputação (f) | кесүү | kesyy |
| amputar (vt) | кесип таштоо | kesip taʃtoo |
| coma (f) | кома | koma |
| estar em coma | комада болуу | komada boluu |
| reanimação (f) | реанимация | reanimatsija |

| recuperar-se (vr) | сакаюу | sakajɯu |
| estado (~ de saúde) | абал | abal |

| | | |
|---|---|---|
| consciência (perder a ~) | эсинде | esinde |
| memória (f) | эс тутум | es tutum |
| | | |
| tirar (vt) | тишти жулуу | tiʃti dʒuluu |
| obturação (f) | пломба | plomba |
| obturar (vt) | пломба салуу | plomba saluu |
| | | |
| hipnose (f) | гипноз | gipnoz |
| hipnotizar (vt) | гипноз кылуу | gipnoz kıluu |

## 51. Médicos

| | | |
|---|---|---|
| médico (m) | доктур | doktur |
| enfermeira (f) | медсестра | medsestra |
| médico (m) pessoal | жекелик доктур | dʒekelik doktur |
| | | |
| dentista (m) | тиш доктур | tiʃ doktur |
| oculista (m) | көз доктур | køz doktur |
| terapeuta (m) | терапевт | terapevt |
| cirurgião (m) | хирург | χirurg |
| | | |
| psiquiatra (m) | психиатр | psiχiatr |
| pediatra (m) | педиатр | pediatr |
| psicólogo (m) | психолог | psiχolog |
| ginecologista (m) | гинеколог | ginekolog |
| cardiologista (m) | кардиолог | kardiolog |

## 52. Medicina. Drogas. Acessórios

| | | |
|---|---|---|
| medicamento (m) | дары-дармек | darı-darmek |
| remédio (m) | дары | darı |
| receitar (vt) | жазып берүү | dʒazıp beryy |
| receita (f) | рецепт | retsept |
| | | |
| comprimido (m) | таблетка | tabletka |
| unguento (m) | май | maj |
| ampola (f) | ампула | ampula |
| solução, preparado (m) | аралашма | aralaʃma |
| xarope (m) | сироп | sirop |
| cápsula (f) | пилюля | pilülʲa |
| pó (m) | күкүм | kykym |
| | | |
| atadura (f) | бинт | bint |
| algodão (m) | пахта | paχta |
| iodo (m) | йод | jod |
| | | |
| curativo (m) adesivo | лейкопластырь | lejkoplastırʲ |
| conta-gotas (m) | дары тамызгыч | darı tamızgıtʃ |
| termômetro (m) | градусник | gradusnik |
| seringa (f) | шприц | ʃprits |
| cadeira (f) de rodas | майып арабасы | majıp arabası |
| muletas (f pl) | колтук таяк | koltuk tajak |

| analgésico (m) | оору сездирбөөчү дары | ooru sezdirbøøtʃy darı |
| laxante (m) | ич алдыруучу дары | itʃ aldıruutʃu darı |
| álcool (m) | спирт | spirt |
| ervas (f pl) medicinais | дары чөптөр | darı tʃøptør |
| de ervas (chá ~) | чөп чайы | tʃøp tʃajı |

# HABITAT HUMANO

## Cidade

### 53. Cidade. Vida na cidade

| | | |
|---|---|---|
| cidade (f) | шаар | ʃaar |
| capital (f) | борбор | borbor |
| aldeia (f) | кыштак | kıʃtak |
| | | |
| mapa (m) da cidade | шаардын планы | ʃaardın planı |
| centro (m) da cidade | шаардын борбору | ʃaardın borboru |
| subúrbio (m) | шаардын чет жакасы | ʃaardın tʃet dʒakası |
| suburbano (adj) | шаардын чет жакасындагы | ʃaardın tʃet dʒakasındagı |
| | | |
| periferia (f) | чет-жака | tʃet-dʒaka |
| arredores (m pl) | чет-жака | tʃet-dʒaka |
| quarteirão (m) | квартал | kvartal |
| quarteirão (m) residencial | турак-жай кварталы | turak-dʒaj kvartalı |
| | | |
| tráfego (m) | көчө кыймылы | køtʃø kıjmılı |
| semáforo (m) | светофор | svetofor |
| transporte (m) público | шаар транспорту | ʃaar transportu |
| cruzamento (m) | кесилиш | kesiliʃ |
| | | |
| faixa (f) | жөө жүрүүчүлөр жолу | dʒøø dʒyryytʃylør dʒolu |
| túnel (m) subterrâneo | жер астындагы жол | dʒer astındagı dʒol |
| cruzar, atravessar (vt) | жолду өтүү | dʒoldu øtyy |
| pedestre (m) | жөө жүрүүчү | dʒøø dʒyryytʃy |
| calçada (f) | жанжол | dʒandʒol |
| | | |
| ponte (f) | көпүрө | køpyrø |
| margem (f) do rio | жээк жол | dʒeek dʒol |
| fonte (f) | фонтан | fontan |
| | | |
| alameda (f) | аллея | alleja |
| parque (m) | сейил багы | sejil bagı |
| bulevar (m) | бульвар | bulʲvar |
| praça (f) | аянт | ajant |
| avenida (f) | проспект | prospekt |
| rua (f) | көчө | køtʃø |
| travessa (f) | чолок көчө | tʃolok køtʃø |
| beco (m) sem saída | туюк көчө | tujuk køtʃø |
| | | |
| casa (f) | үй | yj |
| edifício, prédio (m) | имарат | imarat |
| arranha-céu (m) | көк тиреген көп кабаттуу үй | køk tiregen køp kabattuu yj |

| fachada (f) | үйдүн алды | yjdyn aldı |
| telhado (m) | чатыр | tʃatır |
| janela (f) | терезе | tereze |
| arco (m) | түркүк | tyrkyk |
| coluna (f) | мамы | mamı |
| esquina (f) | бурч | burtʃ |

| vitrine (f) | көрсөтмө айнек үкөк | kørsøtmø ajnek ykøk |
| letreiro (m) | көрнөк | kørnøk |
| cartaz (do filme, etc.) | афиша | afiʃa |
| cartaz (m) publicitário | көрнөк-жарнак | kørnøk-dʒarnak |
| painel (m) publicitário | жарнамалык такта | dʒarnamalık takta |

| lixo (m) | таштанды | taʃtandı |
| lata (f) de lixo | таштанды челек | taʃtandı tʃelek |
| jogar lixo na rua | таштоо | taʃtoo |
| aterro (m) sanitário | таштанды үйүлгөн жер | taʃtandı yjylgøn dʒer |

| orelhão (m) | телефон будкасы | telefon budkası |
| poste (m) de luz | чырак мамы | tʃırak mamı |
| banco (m) | отургуч | oturgutʃ |

| polícia (m) | полиция кызматкери | politsija kızmatkeri |
| polícia (instituição) | полиция | politsija |
| mendigo, pedinte (m) | кайырчы | kajırtʃı |
| desabrigado (m) | селсаяк | selsajak |

## 54. Instituições urbanas

| loja (f) | дүкөн | dykøn |
| drogaria (f) | дарыкана | darıkana |
| ótica (f) | оптика | optika |
| centro (m) comercial | соода борбору | sooda borboru |
| supermercado (m) | супермаркет | supermarket |

| padaria (f) | нан дүкөнү | nan dykøny |
| padeiro (m) | навайчы | navajtʃı |
| pastelaria (f) | кондитердик дүкөн | konditerdik dykøn |
| mercearia (f) | азык-түлүк | azık-tylyk |
| açougue (m) | эт дүкөнү | et dykøny |

| fruteira (f) | жашылча дүкөнү | dʒaʃıltʃa dykøny |
| mercado (m) | базар | bazar |

| cafeteria (f) | кофекана | kofekana |
| restaurante (m) | ресторан | restoran |
| bar (m) | сыракана | sırakana |
| pizzaria (f) | пиццерия | pitserija |

| salão (m) de cabeleireiro | чач тарач | tʃatʃ taratʃ |
| agência (f) dos correios | почта | potʃta |
| lavanderia (f) | химиялык тазалоо | χimijalık tazaloo |
| estúdio (m) fotográfico | фотоателье | fotoatelje |
| sapataria (f) | бут кийим дүкөнү | but kijim dykøny |

| | | |
|---|---|---|
| livraria (f) | китеп дүкөнү | kitep dykøny |
| loja (f) de artigos esportivos | спорт буюмдар дүкөнү | sport bujumdar dykøny |
| | | |
| costureira (m) | кийим ондоочу жай | kijim ondootʃu dʒaj |
| aluguel (m) de roupa | кийимди ижарага берүү | kijimdi idʒaraga beryy |
| videolocadora (f) | тасмаларды ижарага берүү | tasmalardı idʒaraga beryy |
| | | |
| circo (m) | цирк | tsırk |
| jardim (m) zoológico | зоопарк | zoopark |
| cinema (m) | кинотеатр | kinoteatr |
| museu (m) | музей | muzej |
| biblioteca (f) | китепкана | kitepkana |
| | | |
| teatro (m) | театр | teatr |
| ópera (f) | опера | opera |
| boate (casa noturna) | түнкү клуб | tynky klub |
| cassino (m) | казино | kazino |
| | | |
| mesquita (f) | мечит | metʃit |
| sinagoga (f) | синагога | sinagoga |
| catedral (f) | чоң чиркөө | tʃoŋ tʃirkøø |
| templo (m) | ибадаткана | ibadatkana |
| igreja (f) | чиркөө | tʃirkøø |
| | | |
| faculdade (f) | коллеж | kolledʒ |
| universidade (f) | университет | universitet |
| escola (f) | мектеп | mektep |
| | | |
| prefeitura (f) | префектура | prefektura |
| câmara (f) municipal | мэрия | merija |
| hotel (m) | мейманкана | mejmankana |
| banco (m) | банк | bank |
| | | |
| embaixada (f) | элчилик | eltʃilik |
| agência (f) de viagens | турагенттиги | turagenttigi |
| agência (f) de informações | маалымат бюросу | maalımat burosu |
| casa (f) de câmbio | алмаштыруу пункту | almaʃtıruu punktu |
| | | |
| metrô (m) | метро | metro |
| hospital (m) | оорукана | oorukana |
| | | |
| posto (m) de gasolina | май куюучу станция | maj kujuutʃu stantsija |
| parque (m) de estacionamento | унаа токтоочу жай | unaa toktootʃu dʒaj |

## 55. Sinais

| | | |
|---|---|---|
| letreiro (m) | көрнөк | kørnøk |
| aviso (m) | жазуу | dʒazuu |
| cartaz, pôster (m) | көрнөк | kørnøk |
| placa (f) de direção | көрсөткүч | kørsøtkytʃ |
| seta (f) | жебе | dʒebe |
| aviso (advertência) | экертме | ekertme |
| sinal (m) de aviso | эскертүү белгиси | eskertyy belgisi |

| | | |
|---|---|---|
| avisar, advertir (vt) | эскертүү | eskertyy |
| dia (m) de folga | дем алыш күн | dem alıʃ kyn |
| horário (~ dos trens, etc.) | ырааттама | ıraattama |
| horário (m) | иш сааттары | iʃ saattarı |

| | | |
|---|---|---|
| BEM-VINDOS! | КОШ КЕЛИҢИЗДЕР! | koʃ keliŋizder! |
| ENTRADA | КИРҮҮ | kiryy |
| SAÍDA | ЧЫГУУ | tʃıguu |

| | | |
|---|---|---|
| EMPURRE | ӨЗҮҢҮЗДӨН ТҮРТҮҢҮЗ | øzyŋyzdøn tyrtyŋyz |
| PUXE | ӨЗҮҢҮЗГӨ ТАРТЫҢЫЗ | øzyŋyzgø tartıŋız |
| ABERTO | АЧЫК | atʃık |
| FECHADO | ЖАБЫК | dʒabık |

| | | |
|---|---|---|
| MULHER | АЙЫМДАР ҮЧҮН | ajımdar ytʃyn |
| HOMEM | ЭРКЕКТЕР ҮЧҮН | erkekter ytʃyn |

| | | |
|---|---|---|
| DESCONTOS | АРЗАНДАТУУЛАР | arzandatuular |
| SALDOS, PROMOÇÃO | САТЫП ТҮГӨТҮҮ | satıp tygøtyy |
| NOVIDADE! | СААМАЛЫК! | saamalık! |
| GRÁTIS | БЕКЕР | beker |

| | | |
|---|---|---|
| ATENÇÃO! | КӨҢҮЛ БУРУҢУЗ! | køŋyl buruŋuz! |
| NÃO HÁ VAGAS | ОРУН ЖОК | orun dʒok |
| RESERVADO | КАМДЫК БУЙРУТМАЛАГАН | kamdık bujrutmalagan |

| | | |
|---|---|---|
| ADMINISTRAÇÃO | АДМИНИСТРАЦИЯ | administratsija |
| SOMENTE PESSOAL AUTORIZADO | ЖААМАТ ҮЧҮН ГАНА | dʒaamat ytʃyn gana |

| | | |
|---|---|---|
| CUIDADO CÃO FEROZ | КАБАНААК ИТ | kabanaak it |
| PROIBIDO FUMAR! | ТАМЕКИ ЧЕГҮҮГӨ БОЛБОЙТ! | tameki tʃegyygø bolbojt! |
| NÃO TOCAR | КОЛУҢАР МЕНЕН КАРМАБАГЫЛА! | koluŋar menen karmabagıla! |

| | | |
|---|---|---|
| PERIGOSO | КООПТУУ | kooptuu |
| PERIGO | КОРКУНУЧ | korkunutʃ |
| ALTA TENSÃO | ЖОГОРКУ ЧЫҢАЛУУ | dʒogorku tʃıŋaluu |
| PROIBIDO NADAR | СУУГА ТҮШҮҮГӨ БОЛБОЙТ | suuga tyʃyygø bolbojt |
| COM DEFEITO | ИШТЕБЕЙТ | iʃtebejt |

| | | |
|---|---|---|
| INFLAMÁVEL | ӨРТ ЧЫГУУ КОРКУНУЧУ | ørt tʃıguu korkunutʃu |
| PROIBIDO | ТЫЮУ САЛЫНГАН | tıjuu salıngan |
| ENTRADA PROIBIDA | ӨТҮҮГӨ БОЛБОЙТ | øtyygø bolbojt |
| CUIDADO TINTA FRESCA | СЫРДАЛГАН | sırdalgan |

## 56. Transportes urbanos

| | | |
|---|---|---|
| ônibus (m) | автобус | avtobus |
| bonde (m) elétrico | трамвай | tramvaj |
| trólebus (m) | троллейбус | trollejbus |

| rota (f), itinerário (m) | каттам | kattam |
| número (m) | номер | nomer |

| ir de ... (carro, etc.) | ... жүрүү | ... dʒyryy |
| entrar no ... | ... отуруу | ... oturuu |
| descer do ... | ... түшүп калуу | ... tyʃyp kaluu |

| parada (f) | аялдама | ajaldama |
| próxima parada (f) | кийинки аялдама | kijinki ajaldama |
| terminal (m) | акыркы аялдама | akırkı ajaldama |
| horário (m) | ырааттама | ıraattama |
| esperar (vt) | күтүү | kytyy |

| passagem (f) | билет | bilet |
| tarifa (f) | билеттин баасы | bilettin baası |

| bilheteiro (m) | кассир | kassir |
| controle (m) de passagens | текшерүү | tekʃeryy |
| revisor (m) | текшерүүчү | tekʃeryytʃy |

| atrasar-se (vr) | кечигүү | ketʃigyy |
| perder (o autocarro, etc.) | кечигип калуу | ketʃigip kaluu |
| estar com pressa | шашуу | ʃaʃuu |

| táxi (m) | такси | taksi |
| taxista (m) | такси айдоочу | taksi ajdootʃu |
| de táxi (ir ~) | таксиде | takside |
| ponto (m) de táxis | такси токтоочу жай | taksi toktootʃu dʒaj |
| chamar um táxi | такси чакыруу | taksi tʃakıruu |
| pegar um táxi | такси кармоо | taksi karmoo |

| tráfego (m) | көчө кыймылы | køtʃø kıjmılı |
| engarrafamento (m) | тыгын | tıgın |
| horas (f pl) de pico | кызуу маал | kızuu maal |
| estacionar (vi) | токтотуу | toktotuu |
| estacionar (vt) | машинаны жайлаштыруу | maʃinanı dʒajlaʃtıruu |
| parque (m) de estacionamento | унаа токтоочу жай | unaa toktootʃu dʒaj |

| metrô (m) | метро | metro |
| estação (f) | бекет | beket |
| ir de metrô | метродо жүрүү | metrodo dʒyryy |
| trem (m) | поезд | poezd |
| estação (f) de trem | вокзал | vokzal |

## 57. Turismo

| monumento (m) | эстелик | estelik |
| fortaleza (f) | чеп | tʃep |
| palácio (m) | сарай | saraj |
| castelo (m) | сепил | sepil |
| torre (f) | мунара | munara |
| mausoléu (m) | күмбөз | kymbøz |
| arquitetura (f) | архитектура | arχitektura |
| medieval (adj) | орто кылымдык | orto kılımdık |

| antigo (adj) | байыркы | bajırkı |
| nacional (adj) | улуттук | uluttuk |
| famoso, conhecido (adj) | таанымал | taanımal |

| turista (m) | турист | turist |
| guia (pessoa) | гид | gid |
| excursão (f) | экскурсия | ekskursija |
| mostrar (vt) | көрсөтүү | kørsøtyy |
| contar (vt) | айтып берүү | ajtıp beryy |

| encontrar (vt) | табуу | tabuu |
| perder-se (vr) | адашып кетүү | adaʃıp ketyy |
| mapa (~ do metrô) | схема | sχema |
| mapa (~ da cidade) | план | plan |

| lembrança (f), presente (m) | асембелек | asembelek |
| loja (f) de presentes | асембелек дүкөнү | asembelek dykøny |
| tirar fotos, fotografar | сүрөткө тартуу | syrøtkø tartuu |
| fotografar-se (vr) | сүрөткө түшүү | syrøtkø tyʃyy |

## 58. Compras

| comprar (vt) | сатып алуу | satıp aluu |
| compra (f) | сатып алуу | satıp aluu |
| fazer compras | сатып алууга чыгуу | satıp aluuga ʧıguu |
| compras (f pl) | базарчылоо | bazarʧıloo |

| estar aberta (loja) | иштөө | iʃtøø |
| estar fechada | жабылуу | dʒabıluu |

| calçado (m) | бут кийим | but kijim |
| roupa (f) | кийим-кече | kijim-ketʃe |
| cosméticos (m pl) | упа-эндик | upa-endik |
| alimentos (m pl) | азык-түлүк | azık-tylyk |
| presente (m) | белек | belek |

| vendedor (m) | сатуучу | satuuʧu |
| vendedora (f) | сатуучу кыз | satuuʧu kız |

| caixa (f) | касса | kassa |
| espelho (m) | күзгү | kyzgy |
| balcão (m) | прилавок | prilavok |
| provador (m) | кийим ченөөчү бөлмө | kijim ʧenøøʧy bølmø |

| provar (vt) | кийим ченөө | kijim ʧenøø |
| servir (roupa, caber) | ылайык келүү | ılajık kelyy |
| gostar (apreciar) | жактыруу | dʒaktıruu |

| preço (m) | баа | baa |
| etiqueta (f) de preço | баа | baa |
| custar (vt) | туруу | turuu |
| Quanto? | Канча? | kanʧa? |
| desconto (m) | арзандатуу | arzandatuu |
| não caro (adj) | кымбат эмес | kımbat emes |

| barato (adj) | арзан | arzan |
| caro (adj) | кымбат | kımbat |
| É caro | Бул кымбат | bul kımbat |

| aluguel (m) | ижара | idʒara |
| alugar (roupas, etc.) | ижарага алуу | idʒaraga aluu |
| crédito (m) | насыя | nasıja |
| a crédito | насыяга алуу | nasıjaga aluu |

## 59. Dinheiro

| dinheiro (m) | акча | aktʃa |
| câmbio (m) | алмаштыруу | almaʃtıruu |
| taxa (f) de câmbio | курс | kurs |
| caixa (m) eletrônico | банкомат | bankomat |
| moeda (f) | тыйын | tıjın |

| dólar (m) | доллар | dollar |
| euro (m) | евро | evro |

| lira (f) | италиялык лира | italijalık lira |
| marco (m) | немис маркасы | nemis markası |
| franco (m) | франк | frank |
| libra (f) esterlina | фунт стерлинг | funt sterling |
| iene (m) | йена | jena |

| dívida (f) | карыз | karız |
| devedor (m) | карыздар | karızdar |
| emprestar (vt) | карызга берүү | karızga beryy |
| pedir emprestado | карызга алуу | karızga aluu |

| banco (m) | банк | bank |
| conta (f) | эсеп | esep |
| depositar (vt) | салуу | saluu |
| depositar na conta | эсепке акча салуу | esepke aktʃa saluu |
| sacar (vt) | эсептен акча чыгаруу | esepten aktʃa tʃıgaruu |

| cartão (m) de crédito | насыя картасы | nasıja kartası |
| dinheiro (m) vivo | накталай акча | naktalaj aktʃa |
| cheque (m) | чек | tʃek |
| passar um cheque | чек жазып берүү | tʃek dʒazıp beryy |
| talão (m) de cheques | чек китепчеси | tʃek kiteptʃesi |

| carteira (f) | намыян | namıjan |
| niqueleira (f) | капчык | kaptʃık |
| cofre (m) | сейф | sejf |

| herdeiro (m) | мураскер | murasker |
| herança (f) | мурас | muras |
| fortuna (riqueza) | мүлк | mylk |

| arrendamento (m) | ижара | idʒara |
| aluguel (pagar o ~) | батир акысы | batir akısı |
| alugar (vt) | батирге алуу | batirge aluu |

| preço (m) | баа | baa |
| custo (m) | баа | baa |
| soma (f) | сумма | summa |

| gastar (vt) | коротуу | korotuu |
| gastos (m pl) | чыгым | t͡ʃɪgɪm |
| economizar (vi) | үнөмдөө | ynømdøø |
| econômico (adj) | сарамжал | saramd͡ʒal |

| pagar (vt) | төлөө | tøløø |
| pagamento (m) | акы төлөө | akɪ tøløø |
| troco (m) | кайтарылган майда акча | kajtarɪlgan majda akt͡ʃa |

| imposto (m) | салык | salɪk |
| multa (f) | айып | ajɪp |
| multar (vt) | айып пул салуу | ajɪp pul saluu |

## 60. Correios. Serviço postal

| agência (f) dos correios | почта | pot͡ʃta |
| correio (m) | почта | pot͡ʃta |
| carteiro (m) | кат ташуучу | kat taʃuut͡ʃu |
| horário (m) | иш сааттары | iʃ saattarɪ |

| carta (f) | кат | kat |
| carta (f) registada | тапшырык кат | tapʃɪrɪk kat |
| cartão (m) postal | открытка | otkrɪtka |
| telegrama (m) | телеграмма | telegramma |
| encomenda (f) | посылка | posɪlka |
| transferência (f) de dinheiro | акча которуу | akt͡ʃa kotoruu |

| receber (vt) | алуу | aluu |
| enviar (vt) | жөнөтүү | d͡ʒønøtyy |
| envio (m) | жөнөтүү | d͡ʒønøtyy |

| endereço (m) | дарек | darek |
| código (m) postal | индекс | indeks |
| remetente (m) | жөнөтүүчү | d͡ʒønøtyyt͡ʃy |
| destinatário (m) | алуучу | aluut͡ʃu |

| nome (m) | аты | atɪ |
| sobrenome (m) | фамилиясы | familijasɪ |

| tarifa (f) | тариф | tarif |
| ordinário (adj) | жөнөкөй | d͡ʒønøkøj |
| econômico (adj) | үнөмдүү | ynømdyy |

| peso (m) | салмак | salmak |
| pesar (estabelecer o peso) | таразалоо | tarazaloo |
| envelope (m) | конверт | konvert |
| selo (m) postal | марка | marka |
| colar o selo | марка жабыштыруу | marka d͡ʒabɪʃtɪruu |

# Moradia. Casa. Lar

## 61. Casa. Eletricidade

| | | |
|---|---|---|
| eletricidade (f) | электр кубаты | elektr kubatı |
| lâmpada (f) | чырак | tʃırak |
| interruptor (m) | өчүргүч | øtʃyrgytʃ |
| fusível, disjuntor (m) | эриме сактагыч | erime saktagıtʃ |
| fio, cabo (m) | зым | zım |
| instalação (f) elétrica | электр зымы | elektr zımı |
| medidor (m) de eletricidade | электр эсептегич | elektr eseptegitʃ |
| indicação (f), registro (m) | көрсөтүү ченем | kørsøtyy tʃenem |

## 62. Moradia. Mansão

| | | |
|---|---|---|
| casa (f) de campo | шаар четиндеги үй | ʃaar tʃetindegi yj |
| vila (f) | вилла | villa |
| ala (~ do edifício) | канат | kanat |
| jardim (m) | бакча | baktʃa |
| parque (m) | сейил багы | sejil bagı |
| estufa (f) | күнескана | kynøskana |
| cuidar de … | кароо | karoo |
| piscina (f) | бассейн | bassejn |
| academia (f) de ginástica | машыгуу залы | maʃıguu zalı |
| quadra (f) de tênis | теннис корту | tennis kortu |
| cinema (m) | кинотеатр | kinoteatr |
| garagem (f) | гараж | garadʒ |
| propriedade (f) privada | жеке менчик | dʒeke mentʃik |
| terreno (m) privado | жеке ээликте | dʒeke eelikte |
| advertência (f) | эскертүү | eskertyy |
| sinal (m) de aviso | эскертүү белгиси | eskertyy belgisi |
| guarda (f) | күзөт | kyzøt |
| guarda (m) | кароолчу | karooltʃu |
| alarme (m) | сигнализация | signalizatsija |

## 63. Apartamento

| | | |
|---|---|---|
| apartamento (m) | батир | batir |
| quarto, cômodo (m) | бөлмө | bølmø |
| quarto (m) de dormir | уктоочу бөлмө | uktootʃu bølmø |

| | | |
|---|---|---|
| sala (f) de jantar | ашкана | aʃkana |
| sala (f) de estar | конок үйү | konok yjy |
| escritório (m) | иш бөлмөсү | iʃ bølmøsy |
| | | |
| sala (f) de entrada | кире бериш | kire beriʃ |
| banheiro (m) | ванная | vannaja |
| lavabo (m) | даараткана | daaratkana |
| | | |
| teto (m) | шып | ʃɪp |
| chão, piso (m) | пол | pol |
| canto (m) | бурч | burtʃ |

## 64. Mobiliário. Interior

| | | |
|---|---|---|
| mobiliário (m) | эмерек | emerek |
| mesa (f) | стол | stol |
| cadeira (f) | стул | stul |
| cama (f) | керебет | kerebet |
| | | |
| sofá, divã (m) | диван | divan |
| poltrona (f) | олпок отургуч | olpok oturgutʃ |
| | | |
| estante (f) | китеп шкафы | kitep ʃkafɪ |
| prateleira (f) | текче | tektʃe |
| | | |
| guarda-roupas (m) | шкаф | ʃkaf |
| cabide (m) de parede | кийим илгич | kijim ilgitʃ |
| cabideiro (m) de pé | кийим илгич | kijim ilgitʃ |
| | | |
| cômoda (f) | комод | komod |
| mesinha (f) de centro | журнал столу | dʒurnal stolu |
| | | |
| espelho (m) | күзгү | kyzgy |
| tapete (m) | килем | kilem |
| tapete (m) pequeno | килемче | kilemtʃe |
| | | |
| lareira (f) | очок | otʃok |
| vela (f) | шам | ʃam |
| castiçal (m) | шамдал | ʃamdal |
| | | |
| cortinas (f pl) | парда | parda |
| papel (m) de parede | туш кагаз | tuʃ kagaz |
| persianas (f pl) | жалюзи | dʒaldʒɥzi |
| | | |
| luminária (f) de mesa | стол чырагы | stol tʃɪragɪ |
| luminária (f) de parede | чырак | tʃɪrak |
| | | |
| abajur (m) de pé | торшер | torʃer |
| lustre (m) | асма шам | asma ʃam |
| | | |
| pé (de mesa, etc.) | бут | but |
| braço, descanso (m) | чыканак такооч | tʃɪkanak takootʃ |
| costas (f pl) | жөлөнгүч | dʒøløngytʃ |
| gaveta (f) | суурма | suurma |

## 65.  Quarto de dormir

| | | |
|---|---|---|
| roupa (f) de cama | шейшеп | ʃejʃep |
| travesseiro (m) | жаздык | dʒazdık |
| fronha (f) | жаздык кап | dʒazdık kap |
| cobertor (m) | жууркан | dʒuurkan |
| lençol (m) | шейшеп | ʃejʃep |
| colcha (f) | жапкыч | dʒapkıʧ |

## 66.  Cozinha

| | | |
|---|---|---|
| cozinha (f) | ашкана | aʃkana |
| gás (m) | газ | gaz |
| fogão (m) a gás | газ плитасы | gaz plitası |
| fogão (m) elétrico | электр плитасы | elektr plitası |
| forno (m) | духовка | duχovka |
| forno (m) de micro-ondas | микротолкун меши | mikrotolkun meʃi |
| geladeira (f) | муздаткыч | muzdatkıʧ |
| congelador (m) | тоңдургуч | toŋdurguʧ |
| máquina (f) de lavar louça | идиш жуучу машина | idiʃ dʒuuʧu maʃina |
| moedor (m) de carne | эт туурагыч | et tuuragıʧ |
| espremedor (m) | шире сыккыч | ʃire sıkkıʧ |
| torradeira (f) | тостер | toster |
| batedeira (f) | миксер | mikser |
| máquina (f) de café | кофе кайнаткыч | kofe kajnatkıʧ |
| cafeteira (f) | кофе кайнатуучу идиш | kofe kajnatuuʧu idiʃ |
| moedor (m) de café | кофе майдалагыч | kofe majdalagıʧ |
| chaleira (f) | чайнек | ʧajnek |
| bule (m) | чайнек | ʧajnek |
| tampa (f) | капкак | kapkak |
| coador (m) de chá | чыпка | ʧıpka |
| colher (f) | кашык | kaʃık |
| colher (f) de chá | чай кашык | ʧaj kaʃık |
| colher (f) de sopa | аш кашык | aʃ kaʃık |
| garfo (m) | вилка | vilka |
| faca (f) | бычак | bıʧak |
| louça (f) | идиш-аяк | idiʃ-ajak |
| prato (m) | табак | tabak |
| pires (m) | табак | tabak |
| cálice (m) | рюмка | rʉmka |
| copo (m) | ыстакан | ıstakan |
| xícara (f) | чөйчөк | ʧøjʧøk |
| açucareiro (m) | кум шекер салгыч | kum ʃeker salgıʧ |
| saleiro (m) | туз салгыч | tuz salgıʧ |
| pimenteiro (m) | мурч салгыч | murʧ salgıʧ |

| manteigueira (f) | май салгыч | maj salgıtʃ |
| panela (f) | мискей | miskej |
| frigideira (f) | табак | tabak |
| concha (f) | чөмүч | tʃømytʃ |
| coador (m) | депкир | depkir |
| bandeja (f) | батыныс | batınıs |

| garrafa (f) | бөтөлкө | bøtølkø |
| pote (m) de vidro | банка | banka |
| lata (~ de cerveja) | банка | banka |

| abridor (m) de garrafa | ачкыч | atʃkıtʃ |
| abridor (m) de latas | ачкыч | atʃkıtʃ |
| saca-rolhas (m) | штопор | ʃtopor |
| filtro (m) | чыпка | tʃıpka |
| filtrar (vt) | чыпкалоо | tʃıpkaloo |

| lixo (m) | таштанды | taʃtandı |
| lixeira (f) | таштанды чака | taʃtandı tʃaka |

## 67. Casa de banho

| banheiro (m) | ванная | vannaja |
| água (f) | суу | suu |
| torneira (f) | чорго | tʃorgo |
| água (f) quente | ысык суу | ısık suu |
| água (f) fria | муздак суу | muzdak suu |

| pasta (f) de dente | тиш пастасы | tiʃ pastası |
| escovar os dentes | тиш жуу | tiʃ dʒuu |
| escova (f) de dente | тиш щёткасы | tiʃ ʃtʃotkası |

| barbear-se (vr) | кырынуу | kırınuu |
| espuma (f) de barbear | кырынуу үчүн көбүк | kırınuu ytʃyn købyk |
| gilete (f) | устара | ustara |

| lavar (vt) | жуу | dʒuu |
| tomar banho | жуунуу | dʒuunuu |
| chuveiro (m), ducha (f) | душ | duʃ |
| tomar uma ducha | душка түшүү | duʃka tyʃyy |

| banheira (f) | ванна | vanna |
| vaso (m) sanitário | унитаз | unitaz |
| pia (f) | раковина | rakovina |

| sabonete (m) | самын | samın |
| saboneteira (f) | самын салгыч | samın salgıtʃ |

| esponja (f) | губка | gubka |
| xampu (m) | шампунь | ʃampunʲ |
| toalha (f) | сүлгү | sylgy |
| roupão (m) de banho | халат | χalat |
| lavagem (f) | кир жуу | kir dʒuu |
| lavadora (f) de roupas | кир жуучу машина | kir dʒuutʃu maʃina |

| | | |
|---|---|---|
| lavar a roupa | кир жуу | kir dʒuu |
| detergente (m) | кир жуучу порошок | kir dʒuutʃu poroʃok |

## 68. Eletrodomésticos

| | | |
|---|---|---|
| televisor (m) | сыналгы | sınalgı |
| gravador (m) | магнитофон | magnitofon |
| videogravador (m) | видеомагнитофон | videomagnitofon |
| rádio (m) | үналгы | ynalgı |
| leitor (m) | плеер | pleer |
| | | |
| projetor (m) | видеопроектор | videoproektor |
| cinema (m) em casa | үй кинотеатры | yj kinoteatrı |
| DVD Player (m) | DVD ойноткуч | dividi ojnotkutʃ |
| amplificador (m) | күчөткүч | kytʃøtkytʃ |
| console (f) de jogos | оюн приставкасы | ojun pristavkası |
| | | |
| câmera (f) de vídeo | видеокамера | videokamera |
| máquina (f) fotográfica | фотоаппарат | fotoapparat |
| câmera (f) digital | санарип камерасы | sanarip kamerası |
| | | |
| aspirador (m) | чаң соргуч | tʃaŋ sorgutʃ |
| ferro (m) de passar | үтүк | ytyk |
| tábua (f) de passar | үтүктөөчү тактай | ytyktøøtʃy taktaj |
| | | |
| telefone (m) | телефон | telefon |
| celular (m) | мобилдик | mobildik |
| máquina (f) de escrever | машинка | maʃinka |
| máquina (f) de costura | кийим тигүүчү машинка | kijim tigyytʃy maʃinka |
| | | |
| microfone (m) | микрофон | mikrofon |
| fone (m) de ouvido | кулакчын | kulaktʃın |
| controle remoto (m) | пульт | pulʲt |
| | | |
| CD (m) | CD, компакт-диск | sidi, kompakt-disk |
| fita (f) cassete | кассета | kasseta |
| disco (m) de vinil | пластинка | plastinka |

# ATIVIDADES HUMANAS

## Emprego. Negócios. Parte 1

**69. Escritório. O trabalho no escritório**

| | | |
|---|---|---|
| escritório (~ de advogados) | офис | ofis |
| escritório (do diretor, etc.) | кабинет | kabinet |
| recepção (f) | кабыл алуу катчысы | kabıl aluu kattʃısı |
| secretário (m) | катчы | kattʃı |
| secretária (f) | катчы аял | kattʃı ajal |
| diretor (m) | директор | direktor |
| gerente (m) | башкаруучу | baʃkaruutʃu |
| contador (m) | бухгалтер | buχgalter |
| empregado (m) | кызматкер | kızmatker |
| mobiliário (m) | эмерек | emerek |
| mesa (f) | стол | stol |
| cadeira (f) | кресло | kreslo |
| gaveteiro (m) | үкөк | ykøk |
| cabideiro (m) de pé | кийим илгич | kijim ilgitʃ |
| computador (m) | компьютер | kompjuter |
| impressora (f) | принтер | printer |
| fax (m) | факс | faks |
| fotocopiadora (f) | көчүрүүчү аппарат | køtʃyryytʃy apparat |
| papel (m) | кагаз | kagaz |
| artigos (m pl) de escritório | кеңсе буюмдары | keŋse bujumdarı |
| tapete (m) para mouse | килемче | kilemtʃe |
| folha (f) | баракча | baraktʃa |
| pasta (f) | папка | papka |
| catálogo (m) | каталог | katalog |
| lista (f) telefônica | абоненттердин тизмеси | abonentterdin tizmesi |
| documentação (f) | документтер | dokumentter |
| brochura (f) | китепче | kiteptʃe |
| panfleto (m) | баракча | baraktʃa |
| amostra (f) | үлгү | ylgy |
| formação (f) | окутуу | okutuu |
| reunião (f) | кеңеш | keŋeʃ |
| hora (f) de almoço | түшкү танапис | tyʃky tanapis |
| fazer uma cópia | көчүрмө алуу | køtʃyrmø aluu |
| tirar cópias | көбөйтүү | købøjtyy |
| receber um fax | факс алуу | faks aluu |
| enviar um fax | факс жөнөтүү | faks dʒønøtyy |

| fazer uma chamada | чалуу | tʃaluu |
| responder (vt) | жооп берүү | dʒoop beryy |
| passar (vt) | байланыштыруу | bajlanıʃtıruu |

| marcar (vt) | уюштуруу | ujuʃturuu |
| demonstrar (vt) | көрсөтүү | kørsøtyy |
| estar ausente | келбей калуу | kelbej kaluu |
| ausência (f) | барбай калуу | barbaj kaluu |

## 70. Processos negociais. Parte 1

| negócio (m) | иш | iʃ |
| ocupação (f) | жумуш | dʒumuʃ |

| firma, empresa (f) | фирма | firma |
| companhia (f) | компания | kompanija |
| corporação (f) | корпорация | korporatsija |
| empresa (f) | ишкана | iʃkana |
| agência (f) | агенттик | agenttik |

| acordo (documento) | келишим | keliʃim |
| contrato (m) | контракт | kontrakt |
| acordo (transação) | бүтүм | bytym |
| pedido (m) | буйрутма | bujrutma |
| termos (m pl) | шарт | ʃart |

| por atacado | дүңү менен | dyŋy menen |
| por atacado (adj) | дүңүнөн | dyŋynøn |
| venda (f) por atacado | дүң соода | dyŋ sooda |
| a varejo | чекене | tʃekene |
| venda (f) a varejo | чекене соода | tʃekene sooda |

| concorrente (m) | атаандаш | ataandaʃ |
| concorrência (f) | атаандаштык | ataandaʃtık |
| competir (vi) | атаандашуу | ataandaʃuu |

| sócio (m) | өнөктөш | ønøktøʃ |
| parceria (f) | өнөктөштүк | ønøktøʃtyk |

| crise (f) | каатчылык | kaattʃılık |
| falência (f) | кудуретсиздик | kuduretsizdik |
| entrar em falência | кудуретсиз калуу | kuduretsiz kaluu |
| dificuldade (f) | кыйынчылык | kıjıntʃılık |
| problema (m) | көйгөй | køjgøj |
| catástrofe (f) | киши көрбөсүн | kiʃi kørbøsyn |

| economia (f) | экономика | ekonomika |
| econômico (adj) | экономикалык | ekonomikalık |
| recessão (f) econômica | экономикалык төмөндөө | ekonomikalık tømøndøø |

| objetivo (m) | максат | maksat |
| tarefa (f) | маселе | masele |
| comerciar (vi, vt) | соодалашуу | soodalaʃuu |
| rede (de distribuição) | тармак | tarmak |

| estoque (m) | кампа | kampa |
| sortimento (m) | ассортимент | assortiment |

| líder (m) | алдыңкы катардагы | aldıŋkı katardagı |
| grande (~ empresa) | ири | iri |
| monopólio (m) | монополия | monopolija |

| teoria (f) | теория | teorija |
| prática (f) | тажрыйба | tadʒrıjba |
| experiência (f) | тажрыйба | tadʒrıjba |
| tendência (f) | умтулуу | umtuluu |
| desenvolvimento (m) | өнүгүү | ønygyy |

## 71. Processos negociais. Parte 2

| rentabilidade (f) | пайда | pajda |
| rentável (adj) | майнаптуу | majnaptuu |

| delegação (f) | делегация | delegatsija |
| salário, ordenado (m) | кызмат акы | kızmat akı |
| corrigir (~ um erro) | түзөтүү | tyzøtyy |
| viagem (f) de negócios | иш сапар | iʃ sapar |
| comissão (f) | комиссия | komissija |

| controlar (vt) | башкаруу | baʃkaruu |
| conferência (f) | иш жыйын | iʃ dʒıjın |
| licença (f) | лицензия | litsenzija |
| confiável (adj) | ишеничтүү | iʃenitʃtyy |

| empreendimento (m) | демилге | demilge |
| norma (f) | стандарт | standart |
| circunstância (f) | жагдай | dʒagdaj |
| dever (do empregado) | милдет | mildet |

| empresa (f) | уюм | ujʉm |
| organização (f) | уюштуруу | ujʉʃturuu |
| organizado (adj) | уюштурулган | ujʉʃturulgan |
| anulação (f) | токтотуу | toktotuu |
| anular, cancelar (vt) | жокко чыгаруу | dʒokko tʃıgaruu |
| relatório (m) | отчет | ottʃet |

| patente (f) | патент | patent |
| patentear (vt) | патентөө | patentøø |
| planejar (vt) | пландаштыруу | plandaʃtıruu |

| bônus (m) | сыйлык | sıjlık |
| profissional (adj) | кесипкөй | kesipkøj |
| procedimento (m) | тартип | tartip |

| examinar (~ a questão) | карап чыгуу | karap tʃıguu |
| cálculo (m) | эсеп-кысап | esep-kısap |
| reputação (f) | аброй | abroj |
| risco (m) | тобокел | tobokel |
| dirigir (~ uma empresa) | башкаруу | baʃkaruu |

| informação (f) | маалымат | maalımat |
| propriedade (f) | менчик | mentʃik |
| união (f) | бирикме | birikme |

| seguro (m) de vida | жашоону камсыздандыруу | dʒaʃoonu kamsızdandıruu |
| fazer um seguro | камсыздандыруу | kamsızdandıruu |
| seguro (m) | камсыздандыруу | kamsızdandıruu |

| leilão (m) | тоорук | tooruk |
| notificar (vt) | билдирүү | bildiryy |
| gestão (f) | башкаруу | baʃkaruu |
| serviço (indústria de ~s) | кызмат | kızmat |

| fórum (m) | форум | forum |
| funcionar (vi) | иш-милдетти аткаруу | iʃ-mildetti atkaruu |
| estágio (m) | кадам | kadam |
| jurídico, legal (adj) | укуктуу | ukuktuu |
| advogado (m) | юрист | jurist |

## 72. Produção. Trabalhos

| usina (f) | завод | zavod |
| fábrica (f) | фабрика | fabrika |
| oficina (f) | цех | tseχ |
| local (m) de produção | өндүрүш | øndyryʃ |

| indústria (f) | өнөр-жай | ønør-dʒaj |
| industrial (adj) | өнөр-жай | ønør-dʒaj |
| indústria (f) pesada | оор өнөр-жай | oor ønør-dʒaj |
| indústria (f) ligeira | жеңил өнөр-жай | dʒeŋil ønør-dʒaj |

| produção (f) | өндүрүм | øndyrym |
| produzir (vt) | өндүрүү | øndyryy |
| matérias-primas (f pl) | чийки зат | tʃijki zat |

| chefe (m) de obras | бригадир | brigadir |
| equipe (f) | бригада | brigada |
| operário (m) | жумушчу | dʒumuʃtʃu |

| dia (m) de trabalho | иш күнү | iʃ kyny |
| intervalo (m) | тыныгуу | tınıguu |
| reunião (f) | чогулуш | tʃoguluʃ |
| discutir (vt) | талкуулоо | talkuuloo |

| plano (m) | план | plan |
| cumprir o plano | планды аткаруу | plandı atkaruu |
| taxa (f) de produção | иштеп чыгаруу коюму | iʃtep tʃıgaruu kojumu |
| qualidade (f) | сапат | sapat |
| controle (m) | текшерүү | tekʃeryy |
| controle (m) da qualidade | сапат текшерүү | sapat tekʃeryy |

| segurança (f) no trabalho | эмгек коопсуздугу | emgek koopsuzdugu |
| disciplina (f) | тартип | tartip |

| | | |
|---|---|---|
| infração (f) | бузуу | buzuu |
| violar (as regras) | бузуу | buzuu |
| | | |
| greve (f) | ишти калтыруу | iʃti kaltıruu |
| grevista (m) | иш калтыргыч | iʃ kaltırgıtʃ |
| estar em greve | ишти калтыруу | iʃti kaltıruu |
| sindicato (m) | профсоюз | profsojuz |
| | | |
| inventar (vt) | ойлоп табуу | ojlop tabuu |
| invenção (f) | ойлоп табылган нерсе | ojlop tabılgan nerse |
| pesquisa (f) | изилдөө | izildøø |
| melhorar (vt) | жакшыртуу | dʒakʃırtuu |
| tecnologia (f) | технология | teχnologija |
| desenho (m) técnico | чийме | tʃijme |
| | | |
| carga (f) | жүк | dʒyk |
| carregador (m) | жүк ташуучу | dʒyk taʃuutʃu |
| carregar (o caminhão, etc.) | жүктөө | dʒyktøø |
| carregamento (m) | жүктөө | dʒyktøø |
| descarregar (vt) | жүк түшүрүү | dʒyk tyʃuryy |
| descarga (f) | жүк түшүрүү | dʒyk tyʃyryy |
| | | |
| transporte (m) | транспорт | transport |
| companhia (f) de transporte | транспорттук компания | transporttuk kompanija |
| transportar (vt) | транспорт менен ташуу | transport menen taʃuu |
| | | |
| vagão (m) de carga | вагон | vagon |
| tanque (m) | цистерна | tsısterna |
| caminhão (m) | жүк ташуучу машина | dʒyk taʃuutʃu maʃina |
| | | |
| máquina (f) operatriz | станок | stanok |
| mecanismo (m) | механизм | meχanizm |
| | | |
| resíduos (m pl) industriais | таштандылар | taʃtandılar |
| embalagem (f) | таңгактоо | taŋgaktoo |
| embalar (vt) | таңгактоо | taŋgaktoo |

## 73. Contrato. Acordo

| | | |
|---|---|---|
| contrato (m) | контракт | kontrakt |
| acordo (m) | макулдашуу | makuldaʃuu |
| adendo, anexo (m) | тиркеме | tirkeme |
| | | |
| assinar o contrato | контракт түзүү | kontrakt tyzyy |
| assinatura (f) | кол тамга | kol tamga |
| assinar (vt) | кол коюу | kol kojuu |
| carimbo (m) | мөөр | møør |
| | | |
| objeto (m) do contrato | келишимдин предмети | keliʃimdin predmeti |
| cláusula (f) | пункт | punkt |
| partes (f pl) | тараптар | taraptar |
| domicílio (m) legal | юридикалык дарек | juridikalık darek |
| violar o contrato | контрактты бузуу | kontrakttı buzuu |
| obrigação (f) | милдеттенме | mildettenme |

| | | |
|---|---|---|
| responsabilidade (f) | жоопкерчилик | dʒoopkertʃilik |
| força (f) maior | форс-мажор | fors-madʒor |
| litígio (m), disputa (f) | талаш | talaʃ |
| multas (f pl) | жаза чаралары | dʒaza tʃaraları |

## 74. Importação & Exportação

| | | |
|---|---|---|
| importação (f) | импорт | import |
| importador (m) | импорттоочу | importtootʃu |
| importar (vt) | импорттоо | importtoo |
| de importação | импорт | import |
| | | |
| exportação (f) | экспорт | eksport |
| exportador (m) | экспорттоочу | eksporttootʃu |
| exportar (vt) | экспорттоо | eksporttoo |
| de exportação | экспорт | eksport |
| | | |
| mercadoria (f) | товар | tovar |
| lote (de mercadorias) | жүк тобу | dʒyk tobu |
| | | |
| peso (m) | салмак | salmak |
| volume (m) | көлөм | køløm |
| metro (m) cúbico | куб метр | kub metr |
| | | |
| produtor (m) | өндүрүүчү | øndyryytʃy |
| companhia (f) de transporte | транспорттук компания | transporttuk kompanija |
| contêiner (m) | контейнер | kontejner |
| | | |
| fronteira (f) | чек ара | tʃek ara |
| alfândega (f) | бажыкана | badʒıkana |
| taxa (f) alfandegária | бажы салык | badʒı salık |
| funcionário (m) da alfândega | бажы кызматкери | badʒı kızmatkeri |
| contrabando (atividade) | контрабанда | kontrabanda |
| contrabando (produtos) | контрабанда | kontrabanda |

## 75. Finanças

| | | |
|---|---|---|
| ação (f) | акция | aktsija |
| obrigação (f) | баалуу кагаздар | baaluu kagazdar |
| nota (f) promissória | вексель | vekselʲ |
| | | |
| bolsa (f) de valores | биржа | birdʒa |
| cotação (m) das ações | акциялар курсу | aktsijalar kursu |
| | | |
| tornar-se mais barato | арзандоо | arzandoo |
| tornar-se mais caro | кымбаттоо | kımbattoo |
| | | |
| parte (f) | үлүш | ylyʃ |
| participação (f) majoritária | башкаруучу пакет | baʃkaruutʃu paket |
| | | |
| investimento (m) | салым | salım |
| investir (vt) | салым кылуу | salım kıluu |

| porcentagem (f) | пайыз | pajız |
| juros (m pl) | пайыз менен пайда | pajız menen pajda |

| lucro (m) | пайда | pajda |
| lucrativo (adj) | майнаптуу | majnaptuu |
| imposto (m) | салык | salık |

| divisa (f) | валюта | valюta |
| nacional (adj) | улуттук | uluttuk |
| câmbio (m) | алмаштыруу | almaʃtıruu |

| contador (m) | бухгалтер | buxgalter |
| contabilidade (f) | бухгалтерия | buxgalterija |

| falência (f) | кудуретсиздик | kuduretsizdik |
| falência, quebra (f) | кыйроо | kıjroo |
| ruína (f) | жакырдануу | dʒakırdanuu |
| estar quebrado | жакырдануу | dʒakırdanuu |
| inflação (f) | инфляция | inflʲatsija |
| desvalorização (f) | девальвация | devalʲvatsija |

| capital (m) | капитал | kapital |
| rendimento (m) | киреше | kireʃe |
| volume (m) de negócios | жүгүртүлүш | dʒygyrtylyʃ |
| recursos (m pl) | такоолдор | takooldor |
| recursos (m pl) financeiros | акча каражаттары | aktʃa karadʒattarı |

| despesas (f pl) gerais | кошумча чыгашалар | koʃumtʃa tʃıgaʃalar |
| reduzir (vt) | кыскартуу | kıskartuu |

## 76. Marketing

| marketing (m) | базар таануу | bazar taanuu |
| mercado (m) | базар | bazar |
| segmento (m) do mercado | базар сегменти | bazar segmenti |
| produto (m) | өнүм | ønym |
| mercadoria (f) | товар | tovar |

| marca (f) | соода маркасы | sooda markası |
| marca (f) registrada | соода маркасы | sooda markası |
| logotipo (m) | фирмалык белги | firmalık belgi |
| logo (m) | логотип | logotip |
| demanda (f) | талап | talap |
| oferta (f) | сунуш | sunuʃ |
| necessidade (f) | керек | kerek |
| consumidor (m) | керектөөчү | kerektøøtʃy |

| análise (f) | талдоо | taldoo |
| analisar (vt) | талдоо | taldoo |
| posicionamento (m) | турак табуу | turak tabuu |
| posicionar (vt) | турак табуу | turak tabuu |
| preço (m) | баа | baa |
| política (f) de preços | баа саясаты | baa sajasatı |
| formação (f) de preços | баа чыгаруу | baa tʃıgaruu |

## 77. Publicidade

| | | |
|---|---|---|
| publicidade (f) | жарнама | dʒarnama |
| fazer publicidade | жарнамалоо | dʒarnamaloo |
| orçamento (m) | бюджет | budʒet |
| anúncio (m) | жарнама | dʒarnama |
| publicidade (f) na TV | теле жарнама | tele dʒarnama |
| publicidade (f) na rádio | радио жарнама | radio dʒarnama |
| publicidade (f) exterior | сырткы жарнама | sırtkı dʒarnama |
| comunicação (f) de massa | масс медия | mass medija |
| periódico (m) | мезгилдүү басылма | mezgildyy basılma |
| imagem (f) | имидж | imidʒ |
| slogan (m) | лозунг | lozung |
| mote (m), lema (f) | ураан | uraan |
| campanha (f) | кампания | kampanija |
| campanha (f) publicitária | жарнамалык кампания | dʒarnamalık kampanija |
| grupo (m) alvo | максаттуу топ | maksattuu top |
| cartão (m) de visita | таанытма | taanıtma |
| panfleto (m) | баракча | baraktʃa |
| brochura (f) | китепче | kiteptʃe |
| folheto (m) | кат-кат китепче | kat-kat kiteptʃe |
| boletim (~ informativo) | бюллетень | bulleteni |
| letreiro (m) | көрнөк | kørnøk |
| cartaz, pôster (m) | көрнөк | kørnøk |
| painel (m) publicitário | жарнамалык такта | dʒarnamalık takta |

## 78. Banca

| | | |
|---|---|---|
| banco (m) | банк | bank |
| balcão (f) | бөлүм | bølym |
| consultor (m) bancário | кеңешчи | keŋeʃtʃi |
| gerente (m) | башкаруучу | baʃkaruutʃu |
| conta (f) | эсеп | esep |
| número (m) da conta | эсеп номери | esep nomeri |
| conta (f) corrente | учурдагы эсеп | utʃurdagı esep |
| conta (f) poupança | топтолмо эсеп | toptolmo esep |
| abrir uma conta | эсеп ачуу | esep atʃuu |
| fechar uma conta | эсеп жабуу | esep dʒabuu |
| depositar na conta | эсепке акча салуу | esepke aktʃa saluu |
| sacar (vt) | эсептен акча чыгаруу | esepten aktʃa tʃıgaruu |
| depósito (m) | аманат | amanat |
| fazer um depósito | аманат кылуу | amanat kıluu |
| transferência (f) bancária | акча которуу | aktʃa kotoruu |

72

| | | |
|---|---|---|
| transferir (vt) | акча которуу | aktʃa kotoruu |
| soma (f) | сумма | summa |
| Quanto? | Канча? | kantʃa? |

| | | |
|---|---|---|
| assinatura (f) | кол тамга | kol tamga |
| assinar (vt) | кол коюу | kol kojʉu |

| | | |
|---|---|---|
| cartão (m) de crédito | насыя картасы | nasɪja kartasɪ |
| senha (f) | код | kod |
| número (m) do cartão de crédito | насыя картанын номери | nasɪja kartanɪn nomeri |
| caixa (m) eletrônico | банкомат | bankomat |

| | | |
|---|---|---|
| cheque (m) | чек | tʃek |
| passar um cheque | чек жазып берүү | tʃek dʒazɪp beryy |
| talão (m) de cheques | чек китепчеси | tʃek kiteptʃesi |

| | | |
|---|---|---|
| empréstimo (m) | насыя | nasɪja |
| pedir um empréstimo | насыя үчүн кайрылуу | nasɪja ytʃyn kajrɪluu |
| obter empréstimo | насыя алуу | nasɪja aluu |
| dar um empréstimo | насыя берүү | nasɪja beryy |
| garantia (f) | кепилдик | kepildik |

## 79. Telefone. Conversação telefônica

| | | |
|---|---|---|
| telefone (m) | телефон | telefon |
| celular (m) | мобилдик | mobildik |
| secretária (f) eletrônica | автоматтык жооп берүүчү | avtomattɪk dʒoop beryytʃy |

| | | |
|---|---|---|
| fazer uma chamada | чалуу | tʃaluu |
| chamada (f) | чакыруу | tʃakɪruu |

| | | |
|---|---|---|
| discar um número | номер терүү | nomer teryy |
| Alô! | Алло! | allo! |
| perguntar (vt) | суроо | suroo |
| responder (vt) | жооп берүү | dʒoop beryy |

| | | |
|---|---|---|
| ouvir (vt) | угуу | uguu |
| bem | жакшы | dʒakʃɪ |
| mal | жаман | dʒaman |
| ruído (m) | ызы-чуу | ɪzɪ-tʃuu |

| | | |
|---|---|---|
| fone (m) | трубка | trubka |
| pegar o telefone | трубканы алуу | trubkanɪ aluu |
| desligar (vi) | трубканы коюу | trubkanɪ kojʉu |

| | | |
|---|---|---|
| ocupado (adj) | бош эмес | boʃ emes |
| tocar (vi) | шыңгыроо | ʃɪŋgɪroo |
| lista (f) telefônica | телефондук китепче | telefonduk kiteptʃe |
| local (adj) | жергиликтүү | dʒergiliktyy |
| chamada (f) local | жергиликтүү чакыруу | dʒergiliktyy tʃakɪruu |
| de longa distância | шаар аралык | ʃaar aralɪk |
| chamada (f) de longa distância | шаар аралык чакыруу | ʃaar aralɪk tʃakɪruu |

| internacional (adj) | эл аралык | el aralık |
| chamada (f) internacional | эл аралык чакыруу | el aralık tʃakıruu |

## 80. Telefone móvel

| celular (m) | мобилдик | mobildik |
| tela (f) | дисплей | displej |
| botão (m) | баскыч | baskıtʃ |
| cartão SIM (m) | SIM-карта | sim-karta |

| bateria (f) | батарея | batareja |
| descarregar-se (vr) | зарядканын түгөнүүсү | zarʲadkanın tygønyysy |
| carregador (m) | заряддоочу шайман | zarʲaddootʃu ʃajman |

| menu (m) | меню | menʉ |
| configurações (f pl) | орнотуулар | ornotuular |

| melodia (f) | обон | obon |
| escolher (vt) | тандоо | tandoo |

| calculadora (f) | калькулятор | kalʲkulʲator |
| correio (m) de voz | автоматтык жооп бергич | avtomattık dʒoop bergitʃ |
| despertador (m) | ойготкуч | ojgotkutʃ |
| contatos (m pl) | байланыштар | bajlanıʃtar |

| mensagem (f) de texto | SMS-кабар | esemes-kabar |
| assinante (m) | абонент | abonent |

## 81. Estacionário

| caneta (f) | калем сап | kalem sap |
| caneta (f) tinteiro | калем уч | kalem utʃ |

| lápis (m) | карандаш | karandaʃ |
| marcador (m) de texto | маркер | marker |
| caneta (f) hidrográfica | фломастер | flomaster |

| bloco (m) de notas | дептерче | deptertʃe |
| agenda (f) | күндөлүк | kyndølyk |

| régua (f) | сызгыч | sızgıtʃ |
| calculadora (f) | калькулятор | kalʲkulʲator |
| borracha (f) | өчүргүч | øtʃyrgytʃ |

| alfinete (m) | кнопка | knopka |
| clipe (m) | кыскыч | kıskıtʃ |

| cola (f) | желим | dʒelim |
| grampeador (m) | степлер | stepler |

| furador (m) de papel | тешкич | teʃkitʃ |
| apontador (m) | учтагыч | utʃtagıtʃ |

## 82. Tipos de negócios

| | | |
|---|---|---|
| serviços (m pl) de contabilidade | бухгалтердик кызмат | buxgalterdik kızmat |
| publicidade (f) | жарнама | dʒarnama |
| agência (f) de publicidade | жарнама агенттиги | dʒarnama agenttigi |
| ar (m) condicionado | аба желдеткичтер | aba dʒeldetkiʧter |
| companhia (f) aérea | авиакомпания | aviakompanija |
| bebidas (f pl) alcoólicas | алкоголь ичимдиктери | alkogolʲ itʃimdikteri |
| comércio (m) de antiguidades | антиквариат | antikvariat |
| galeria (f) de arte | арт-галерея | art-galereja |
| serviços (m pl) de auditoria | аудиторлук кызмат | auditorluk kızmat |
| negócios (m pl) bancários | банк бизнеси | bank biznesi |
| bar (m) | бар | bar |
| salão (m) de beleza | сулуулук салону | suluuluk salonu |
| livraria (f) | китеп дүкөнү | kitep dykøny |
| cervejaria (f) | сыра чыгаруучу жай | sıra ʧıgaruuʧu dʒaj |
| centro (m) de escritórios | бизнес-борбор | biznes-borbor |
| escola (f) de negócios | бизнес-мектеп | biznes-mektep |
| cassino (m) | казино | kazino |
| construção (f) | курулуш | kuruluʃ |
| consultoria (f) | консалтинг | konsalting |
| clínica (f) dentária | стоматология | stomatologija |
| design (m) | дизайн | dizajn |
| drogaria (f) | дарыкана | darıkana |
| lavanderia (f) | химиялык тазалоо | ximijalık tazaloo |
| agência (f) de emprego | кадрдык агенттиги | kadrdık agenttigi |
| serviços (m pl) financeiros | каржылык кызматтар | kardʒılık kızmattar |
| alimentos (m pl) | азык-түлүк | azık-tylyk |
| funerária (f) | ырасым бюросу | ırasım bʉrosu |
| mobiliário (m) | эмерек | emerek |
| roupa (f) | кийим | kijim |
| hotel (m) | мейманкана | mejmankana |
| sorvete (m) | бал муздак | bal muzdak |
| indústria (f) | өнөр-жай | ønør-dʒaj |
| seguro (~ de vida, etc.) | камсыздандыруу | kamsızdandıruu |
| internet (f) | интернет | internet |
| investimento (m) | салымдар | salımdar |
| joalheiro (m) | зергер | zerger |
| joias (f pl) | зер буюмдар | zer bujʉmdar |
| lavanderia (f) | кир жуу ишканасы | kir dʒuu iʃkanası |
| assessorias (f pl) jurídicas | юридикалык кызматтар | jʉridikalık kızmattar |
| indústria (f) ligeira | жеңил өнөр-жай | dʒeŋil ønør-dʒaj |
| revista (f) | журнал | dʒurnal |
| vendas (f pl) por catálogo | каталог боюнча соода-сатык | katalog bojʉnʧa sooda-satık |
| medicina (f) | медицина | meditsina |

| cinema (m) | кинотеатр | kinoteatr |
| museu (m) | музей | muzej |

| agência (f) de notícias | жаңылыктар агенттиги | dʒaŋılıktar agenttigi |
| jornal (m) | гезит | gezit |
| boate (casa noturna) | түнкү клуб | tyŋky klub |

| petróleo (m) | мунайзат | munajzat |
| serviços (m pl) de remessa | чабармандык кызматы | tʃabarmandık kızmatı |
| indústria (f) farmacêutica | фармацевтика | farmatsevtika |
| tipografia (f) | полиграфия | poligrafija |
| editora (f) | басмакана | basmakana |

| rádio (m) | үналгы | ynalgı |
| imobiliário (m) | кыймылсыз мүлк | kıjmılsız mylk |
| restaurante (m) | ресторан | restoran |

| empresa (f) de segurança | күзөт агенттиги | kyzøt agenttigi |
| esporte (m) | спорт | sport |
| bolsa (f) de valores | биржа | birdʒa |
| loja (f) | дүкөн | dykøn |
| supermercado (m) | супермаркет | supermarket |
| piscina (f) | бассейн | bassejn |

| alfaiataria (f) | ателье | atelje |
| televisão (f) | телекөрсөтүү | telekørsøtyy |
| teatro (m) | театр | teatr |
| comércio (m) | соода | sooda |
| serviços (m pl) de transporte | ташып жеткирүү | taʃıp dʒetkiryy |
| viagens (f pl) | туризм | turizm |

| veterinário (m) | мал доктуру | mal dokturu |
| armazém (m) | кампа | kampa |
| recolha (f) do lixo | таштанды чыгаруу | taʃtandı tʃıgaruu |

# Emprego. Negócios. Parte 2

## 83. Espetáculo. Feira

| | | |
|---|---|---|
| feira, exposição (f) | көргөзмө | kørgøzmø |
| feira (f) comercial | соода көргөзмесү | sooda kørgøzmøsy |
| | | |
| participação (f) | катышуу | katıʃuu |
| participar (vi) | катышуу | katıʃuu |
| participante (m) | катышуучу | katıʃuutʃu |
| | | |
| diretor (m) | директор | direktor |
| direção (f) | уюштуруу комитети | ujuʃturuu komiteti |
| organizador (m) | уюштуруучу | ujuʃturuutʃu |
| organizar (vt) | уюштуруу | ujuʃturuu |
| | | |
| ficha (f) de inscrição | катышууга ынта билдирмеси | katıʃuuga ınta bildirmesi |
| preencher (vt) | толтуруу | tolturuu |
| detalhes (m pl) | ийне-жиби | ijne-dʒibi |
| informação (f) | маалымат | maalımat |
| | | |
| preço (m) | баа | baa |
| incluindo | кошуп | koʃup |
| incluir (vt) | кошулган | koʃulgan |
| pagar (vt) | төлөө | tøløø |
| taxa (f) de inscrição | каттоо төгүмү | kattoo tøgymy |
| | | |
| entrada (f) | кирүү | kiryy |
| pavilhão (m), salão (f) | павильон | pavilʲon |
| inscrever (vt) | каттоо | kattoo |
| crachá (m) | төшбелги | tøʃbelgi |
| | | |
| stand (m) | көргөзмө стенди | kørgøzmø stendi |
| reservar (vt) | камдык буйрутмалоо | kamdık bujrutmaloo |
| | | |
| vitrine (f) | айнек стенд | ajnek stend |
| lâmpada (f) | чырак | tʃırak |
| design (m) | дизайн | dizajn |
| pôr (posicionar) | жайгаштыруу | dʒajgaʃtıruu |
| ser colocado, -a | жайгашуу | dʒajgaʃuu |
| | | |
| distribuidor (m) | дистрибьютор | distribjutor |
| fornecedor (m) | жеткирип берүүчү | dʒetkirip beryytʃy |
| fornecer (vt) | жеткирип берүү | dʒetkirip beryy |
| | | |
| país (m) | өлкө | ølkø |
| estrangeiro (adj) | чет өлкөлүк | tʃet ølkølyk |
| produto (m) | өнүм | ønym |
| associação (f) | ассоциация | assotsiatsija |

| sala (f) de conferência | конференц-зал | konferents-zal |
| congresso (m) | конгресс | kongress |
| concurso (m) | жарыш | dʒarıʃ |

| visitante (m) | келүүчү | kelyytʃy |
| visitar (vt) | баш багуу | baʃ baguu |
| cliente (m) | кардар | kardar |

## 84. Ciência. Investigação. Cientistas

| ciência (f) | илим | ilim |
| científico (adj) | илимий | ilimij |
| cientista (m) | илимпоз | ilimpoz |
| teoria (f) | теория | teorija |

| axioma (m) | аксиома | aksioma |
| análise (f) | талдоо | taldoo |
| analisar (vt) | талдоо | taldoo |
| argumento (m) | далил | dalil |
| substância (f) | зат | zat |

| hipótese (f) | гипотеза | gipoteza |
| dilema (m) | дилемма | dilemma |
| tese (f) | диссертация | dissertatsija |
| dogma (m) | догма | dogma |

| doutrina (f) | доктрина | doktrina |
| pesquisa (f) | изилдөө | izildøø |
| pesquisar (vt) | изилдөө | izildøø |
| testes (m pl) | сынак | sınak |
| laboratório (m) | лаборатория | laboratorija |

| método (m) | ыкма | ıkma |
| molécula (f) | молекула | molekula |
| monitoramento (m) | бейлөө | bejløø |
| descoberta (f) | таап ачуу | taap atʃuu |

| postulado (m) | постулат | postulat |
| princípio (m) | усул | usul |
| prognóstico (previsão) | божомол | bodʒomol |
| prognosticar (vt) | алдын ала айтуу | aldın ala ajtuu |

| síntese (f) | синтез | sintez |
| tendência (f) | умтулуу | umtuluu |
| teorema (m) | теорема | teorema |

| ensinamentos (m pl) | окуу | okuu |
| fato (m) | далил | dalil |
| expedição (f) | экспедиция | ekspeditsija |
| experiência (f) | тажрыйба | tadʒrıjba |

| acadêmico (m) | академик | akademik |
| bacharel (m) | бакалавр | bakalavr |
| doutor (m) | доктор | doktor |

| professor (m) associado | доцент | dotsent |
| mestrado (m) | магистр | magistr |
| professor (m) | профессор | professor |

# Profissões e ocupações

## 85. Procura de emprego. Demissão

| | | |
|---|---|---|
| trabalho (m) | иш | iʃ |
| equipe (f) | жамаат | dʒamaat |
| pessoal (m) | жамаат курамы | dʒamaat kuramı |
| | | |
| carreira (f) | мансап | mansap |
| perspectivas (f pl) | перспектива | perspektiva |
| habilidades (f pl) | чеберчилик | tʃebertʃilik |
| | | |
| seleção (f) | тандоо | tandoo |
| agência (f) de emprego | кадрдык агенттиги | kadrdık agenttigi |
| currículo (m) | таржымал | tardʒımal |
| entrevista (f) de emprego | аңгемелешүү | aŋgemeleʃyy |
| vaga (f) | жумуш орун | dʒumuʃ orun |
| | | |
| salário (m) | эмгек акы | emgek akı |
| salário (m) fixo | маяна | majana |
| pagamento (m) | акысын төлөө | akısın tøløø |
| | | |
| cargo (m) | кызмат орун | kızmat orun |
| dever (do empregado) | милдет | mildet |
| gama (f) de deveres | милдеттенмелер | mildettenmeler |
| ocupado (adj) | бош эмес | boʃ emes |
| | | |
| despedir, demitir (vt) | бошотуу | boʃotuu |
| demissão (f) | бошотуу | boʃotuu |
| | | |
| desemprego (m) | жумушсуздук | dʒumuʃsuzduk |
| desempregado (m) | жумушсуз | dʒumuʃsuz |
| aposentadoria (f) | баракы | baarakı |
| aposentar-se (vr) | ардактуу эс алууга чыгуу | ardaktuu es aluuga tʃıguu |

## 86. Gente de negócios

| | | |
|---|---|---|
| diretor (m) | директор | direktor |
| gerente (m) | башкаруучу | baʃkaruutʃu |
| patrão, chefe (m) | башкаруучу | baʃkaruutʃu |
| | | |
| superior (m) | башчы | baʃtʃı |
| superiores (m pl) | башчылар | baʃtʃılar |
| presidente (m) | президент | prezident |
| chairman (m) | төрага | tøraga |
| | | |
| substituto (m) | орун басар | orun basar |
| assistente (m) | жардамчы | dʒardamtʃı |

| | | |
|---|---|---|
| secretário (m) | катчы | kattʃı |
| secretário (m) pessoal | жеке катчы | dʒeke kattʃı |
| | | |
| homem (m) de negócios | бизнесмен | biznesmen |
| empreendedor (m) | ишкер | iʃker |
| fundador (m) | негиздөөчу | negizdøøtʃy |
| fundar (vt) | негиздөө | negizdøø |
| | | |
| principiador (m) | уюмдаштыруучу | ujʉmdaʃtıruutʃu |
| parceiro, sócio (m) | өнөктөш | ønøktøʃ |
| acionista (m) | акция кармоочу | aktsija karmootʃu |
| | | |
| milionário (m) | миллионер | millioner |
| bilionário (m) | миллиардер | milliarder |
| proprietário (m) | ээси | eesi |
| proprietário (m) de terras | жер ээси | dʒer eesi |
| | | |
| cliente (m) | кардар | kardar |
| cliente (m) habitual | туруктуу кардар | turuktuu kardar |
| comprador (m) | сатып алуучу | satıp aluutʃu |
| visitante (m) | келүүчү | kelyytʃy |
| | | |
| profissional (m) | кесипкөй | kesipkøj |
| perito (m) | ишбилги | iʃbilgi |
| especialista (m) | адис | adis |
| | | |
| banqueiro (m) | банкир | bankir |
| corretor (m) | далдалчы | daldaltʃı |
| | | |
| caixa (m, f) | кассир | kassir |
| contador (m) | бухгалтер | buxgalter |
| guarda (m) | кароолчу | karooltʃu |
| | | |
| investidor (m) | салым кошуучу | salım koʃuutʃu |
| devedor (m) | карыздар | karızdar |
| credor (m) | насыя алуучу | nasıja aluutʃu |
| mutuário (m) | карызга алуучу | karızga aluutʃu |
| | | |
| importador (m) | импорттоочу | importtootʃu |
| exportador (m) | экспорттоочу | eksporttootʃu |
| | | |
| produtor (m) | өндүрүүчү | øndyryytʃy |
| distribuidor (m) | дистрибьютор | distribjʉtor |
| intermediário (m) | ортомчу | ortomtʃu |
| | | |
| consultor (m) | кеңешчи | keŋeʃtʃi |
| representante comercial | сатуу агенти | satuu agenti |
| agente (m) | агент | agent |
| agente (m) de seguros | камсыздандыруучу агент | kamsızdandıruutʃu agent |

## 87. Profissões de serviços

| | | |
|---|---|---|
| cozinheiro (m) | ашпозчу | aʃpoztʃu |
| chefe (m) de cozinha | башкы ашпозчу | baʃkı aʃpoztʃu |

| padeiro (m) | навайчы | navajtʃı |
| barman (m) | бармен | barmen |
| garçom (m) | официант | ofitsiant |
| garçonete (f) | официант кыз | ofitsiant kız |

| advogado (m) | жактоочу | dʒaktootʃu |
| jurista (m) | юрист | jurist |
| notário (m) | нотариус | notarius |

| eletricista (m) | электрик | elektrik |
| encanador (m) | сантехник | santeχnik |
| carpinteiro (m) | жыгач уста | dʒıgatʃ usta |

| massagista (m) | укалоочу | ukalootʃu |
| massagista (f) | укалоочу | ukalootʃu |
| médico (m) | доктур | doktur |

| taxista (m) | такси айдоочу | taksi ajdootʃu |
| condutor (automobilista) | айдоочу | ajdootʃu |
| entregador (m) | жеткирүүчү | dʒetkiryytʃy |

| camareira (f) | үй кызматкери | yj kızmatkeri |
| guarda (m) | кароолчу | karooltʃu |
| aeromoça (f) | стюардесса | stuardessa |

| professor (m) | мугалим | mugalim |
| bibliotecário (m) | китепканачы | kitepkanatʃı |
| tradutor (m) | котормочу | kotormotʃu |
| intérprete (m) | оозеки котормочу | oozeki kotormotʃu |
| guia (m) | гид | gid |

| cabeleireiro (m) | чач тарач | tʃatʃ taratʃ |
| carteiro (m) | кат ташуучу | kat taʃuutʃu |
| vendedor (m) | сатуучу | satuutʃu |

| jardineiro (m) | багбанчы | bagbantʃı |
| criado (m) | үй кызматчы | yj kızmattʃı |
| criada (f) | үй кызматчы аял | yj kızmattʃı ajal |
| empregada (f) de limpeza | тазалагыч | tazalagıtʃ |

## 88. Profissões militares e postos

| soldado (m) raso | катардагы жоокер | katardagı dʒooker |
| sargento (m) | сержант | serdʒant |
| tenente (m) | лейтенант | lejtenant |
| capitão (m) | капитан | kapitan |

| major (m) | майор | major |
| coronel (m) | полковник | polkovnik |
| general (m) | генерал | general |
| marechal (m) | маршал | marʃal |
| almirante (m) | адмирал | admiral |
| militar (m) | аскер кызматчысы | asker kızmattʃısı |
| soldado (m) | аскер | asker |

| | | |
|---|---|---|
| oficial (m) | офицер | ofitser |
| comandante (m) | командир | komandir |

| | | |
|---|---|---|
| guarda (m) de fronteira | чек арачы | tʃek aratʃı |
| operador (m) de rádio | радист | radist |
| explorador (m) | чалгынчы | tʃalgıntʃı |
| sapador-mineiro (m) | сапёр | sapʲor |
| atirador (m) | аткыч | atkıtʃ |
| navegador (m) | штурман | ʃturman |

## 89. Oficiais. Padres

| | | |
|---|---|---|
| rei (m) | король, падыша | korolʲ, padıʃa |
| rainha (f) | ханыша | χanıʃa |

| | | |
|---|---|---|
| príncipe (m) | канзаада | kanzaada |
| princesa (f) | ханбийке | χanbijke |

| | | |
|---|---|---|
| czar (m) | падыша | padıʃa |
| czarina (f) | ханыша | χanıʃa |

| | | |
|---|---|---|
| presidente (m) | президент | prezident |
| ministro (m) | министр | ministr |
| primeiro-ministro (m) | премьер-министр | premjer-ministr |
| senador (m) | сенатор | senator |

| | | |
|---|---|---|
| diplomata (m) | дипломат | diplomat |
| cônsul (m) | консул | konsul |
| embaixador (m) | элчи | eltʃi |
| conselheiro (m) | кеңешчи | keŋeʃtʃi |

| | | |
|---|---|---|
| funcionário (m) | аткаминер | atkaminer |
| prefeito (m) | префект | prefekt |
| Presidente (m) da Câmara | мэр | mer |

| | | |
|---|---|---|
| juiz (m) | сот | sot |
| procurador (m) | прокурор | prokuror |

| | | |
|---|---|---|
| missionário (m) | миссионер | missioner |
| monge (m) | кечил | ketʃil |
| abade (m) | аббат | abbat |
| rabino (m) | раввин | ravvin |

| | | |
|---|---|---|
| vizir (m) | визирь | vizirʲ |
| xá (m) | шах | ʃaχ |
| xeique (m) | шейх | ʃejχ |

## 90. Profissões agrícolas

| | | |
|---|---|---|
| abelheiro (m) | балчы | baltʃı |
| pastor (m) | чабан | tʃaban |
| agrônomo (m) | агроном | agronom |

| criador (m) de gado | малчы | maltʃı |
| veterinário (m) | мал доктору | mal dokturu |

| agricultor, fazendeiro (m) | фермер | fermer |
| vinicultor (m) | вино жасоочу | vino dʒasootʃu |
| zoólogo (m) | зоолог | zoolog |
| vaqueiro (m) | ковбой | kovboj |

## 91. Profissões artísticas

| ator (m) | актёр | aktʲor |
| atriz (f) | актриса | aktrisa |

| cantor (m) | ырчы | ırtʃı |
| cantora (f) | ырчы кыз | ırtʃı kız |

| bailarino (m) | бийчи жигит | bijtʃi dʒigit |
| bailarina (f) | бийчи кыз | bijtʃi kız |

| artista (m) | аткаруучу | atkaruutʃu |
| artista (f) | аткаруучу | atkaruutʃu |

| músico (m) | музыкант | muzıkant |
| pianista (m) | пианист | pianist |
| guitarrista (m) | гитарист | gitarist |

| maestro (m) | дирижёр | diridʒʲor |
| compositor (m) | композитор | kompozitor |
| empresário (m) | импресарио | impresario |

| diretor (m) de cinema | режиссёр | redʒissʲor |
| produtor (m) | продюсер | produser |
| roteirista (m) | сценарист | stsenarist |
| crítico (m) | сынчы | sıntʃı |

| escritor (m) | жазуучу | dʒazuutʃu |
| poeta (m) | акын | akın |
| escultor (m) | бедизчи | bediztʃi |
| pintor (m) | сүрөтчү | syrøtʃy |

| malabarista (m) | жонглёр | dʒonglʲor |
| palhaço (m) | маскарапоз | maskarapoz |
| acrobata (m) | акробат | akrobat |
| ilusionista (m) | көз боечу | køz boetʃu |

## 92. Várias profissões

| médico (m) | доктур | doktur |
| enfermeira (f) | медсестра | medsestra |
| psiquiatra (m) | психиатр | psiχiatr |
| dentista (m) | тиш доктур | tiʃ doktur |
| cirurgião (m) | хирург | χirurg |

| | | |
|---|---|---|
| astronauta (m) | астронавт | astronavt |
| astrônomo (m) | астроном | astronom |
| piloto (m) | учкуч | utʃkutʃ |
| | | |
| motorista (m) | айдоочу | ajdootʃu |
| maquinista (m) | машинист | maʃinist |
| mecânico (m) | механик | meχanik |
| | | |
| mineiro (m) | кенчи | kentʃi |
| operário (m) | жумушчу | dʒumuʃtʃu |
| serralheiro (m) | слесарь | slesarʲ |
| marceneiro (m) | жыгач уста | dʒɪgatʃ usta |
| torneiro (m) | токарь | tokarʲ |
| construtor (m) | куруучу | kuruutʃu |
| soldador (m) | ширеткич | ʃiretkitʃ |
| | | |
| professor (m) | профессор | professor |
| arquiteto (m) | архитектор | arχitektor |
| historiador (m) | тарыхчы | tarıχtʃı |
| cientista (m) | илимпоз | ilimpoz |
| físico (m) | физик | fizik |
| químico (m) | химик | χimik |
| | | |
| arqueólogo (m) | археолог | arχeolog |
| geólogo (m) | геолог | geolog |
| pesquisador (cientista) | изилдөөчү | izildøøtʃy |
| | | |
| babysitter, babá (f) | бала баккыч | bala bakkıtʃ |
| professor (m) | мугалим | mugalim |
| | | |
| redator (m) | редактор | redaktor |
| redator-chefe (m) | башкы редактор | baʃkı redaktor |
| correspondente (m) | кабарчы | kabartʃı |
| datilógrafa (f) | машинистка | maʃinistka |
| | | |
| designer (m) | дизайнер | dizajner |
| especialista (m) em informática | компьютер адиси | kompjuter adisi |
| programador (m) | программист | programmist |
| engenheiro (m) | инженер | indʒener |
| | | |
| marujo (m) | деңизчи | deŋiztʃi |
| marinheiro (m) | матрос | matros |
| socorrista (m) | куткаруучу | kutkaruutʃu |
| | | |
| bombeiro (m) | өрт өчүргүч | ørt øtʃyrgytʃ |
| polícia (m) | полиция кызматкери | politsija kızmatkeri |
| guarda-noturno (m) | кароолчу | karooltʃu |
| detetive (m) | аңдуучу | aŋduutʃu |
| | | |
| funcionário (m) da alfândega | бажы кызматкери | badʒı kızmatkeri |
| guarda-costas (m) | жан сакчы | dʒan saktʃı |
| guarda (m) prisional | күзөтчү | kyzøttʃy |
| inspetor (m) | инспектор | inspektor |
| esportista (m) | спортчу | sporttʃu |
| treinador (m) | машыктыруучу | maʃıktıruutʃu |

| açougueiro (m) | касапчы | kasaptʃı |
| sapateiro (m) | өтүкчү | øtyktʃy |
| comerciante (m) | жеке соодагер | dʒeke soodager |
| carregador (m) | жүк ташуучу | dʒyk taʃuutʃu |

| estilista (m) | модельер | modeljer |
| modelo (f) | модель | modelʲ |

## 93. Ocupações. Estatuto social

| estudante (~ de escola) | окуучу | okuutʃu |
| estudante (~ universitária) | студент | student |

| filósofo (m) | философ | filosof |
| economista (m) | экономист | ekonomist |
| inventor (m) | ойлоп табуучу | ojlop tabuutʃu |

| desempregado (m) | жумушсуз | dʒumuʃsuz |
| aposentado (m) | баяргер | baarger |
| espião (m) | тыңчы | tıŋtʃı |

| preso, prisioneiro (m) | камактагы адам | kamaktagı adam |
| grevista (m) | иш калтыргыч | iʃ kaltırgıtʃ |
| burocrata (m) | бюрократ | burokrat |
| viajante (m) | саякатчы | sajakattʃı |

| homossexual (m) | гомосексуалист | gomoseksualist |
| hacker (m) | хакер | χaker |
| hippie (m, f) | хиппи | χippi |

| bandido (m) | ууру-кески | uuru-keski |
| assassino (m) | жалданма киши өлтүргүч | dʒaldanma kiʃi øltyrgytʃ |
| drogado (m) | баңги | baŋgi |
| traficante (m) | баңгизат сатуучу | baŋgizat satuutʃu |
| prostituta (f) | сойку | sojku |
| cafetão (m) | жан бакты | dʒan baktı |

| bruxo (m) | жадыгөй | dʒadıgøj |
| bruxa (f) | жадыгөй | dʒadıgøj |
| pirata (m) | деңиз каракчысы | deŋiz karaktʃısı |
| escravo (m) | кул | kul |
| samurai (m) | самурай | samuraj |
| selvagem (m) | жапайы | dʒapajı |

# Educação

## 94. Escola

| | | |
|---|---|---|
| escola (f) | мектеп | mektep |
| diretor (m) de escola | мектеп директору | mektep direktoru |
| aluno (m) | окуучу бала | okuutʃu bala |
| aluna (f) | окуучу кыз | okuutʃu kız |
| estudante (m) | окуучу | okuutʃu |
| estudante (f) | окуучу кыз | okuutʃu kız |
| ensinar (vt) | окутуу | okutuu |
| aprender (vt) | окуу | okuu |
| decorar (vt) | жаттоо | dʒattoo |
| estudar (vi) | үйрөнүү | yjrønyy |
| estar na escola | мектепке баруу | mektepke baruu |
| ir à escola | окууга баруу | okuuga baruu |
| alfabeto (m) | алфавит | alfavit |
| disciplina (f) | сабак | sabak |
| sala (f) de aula | класс | klass |
| lição, aula (f) | сабак | sabak |
| recreio (m) | танапис | tanapis |
| toque (m) | коңгуроо | konguroo |
| classe (f) | парта | parta |
| quadro (m) negro | такта | takta |
| nota (f) | баа | baa |
| boa nota (f) | жакшы баа | dʒakʃı baa |
| nota (f) baixa | жаман баа | dʒaman baa |
| dar uma nota | баа коюу | baa kojʉu |
| erro (m) | ката | kata |
| errar (vi) | ката кетирүү | kata ketiryy |
| corrigir (~ um erro) | түзөтүү | tyzøtyy |
| cola (f) | шпаргалка | ʃpargalka |
| dever (m) de casa | үй иши | yj iʃi |
| exercício (m) | көнүгүү | kønygyy |
| estar presente | катышуу | katıʃuu |
| estar ausente | келбей калуу | kelbej kaluu |
| faltar às aulas | сабактарды калтыруу | sabaktardı kaltıruu |
| punir (vt) | жазалоо | dʒazaloo |
| punição (f) | жаза | dʒaza |
| comportamento (m) | жүрүм-турум | dʒyrym-turum |

| boletim (m) escolar | күндөлүк | kyndølyk |
| lápis (m) | карандаш | karandaʃ |
| borracha (f) | өчүргүч | øtʃyrgytʃ |
| giz (m) | бор | bor |
| porta-lápis (m) | калем салгыч | kalem salgɪtʃ |

| mala, pasta, mochila (f) | портфель | portfelʲ |
| caneta (f) | калем сап | kalem sap |
| caderno (m) | дептер | depter |
| livro (m) didático | китеп | kitep |
| compasso (m) | циркуль | tsɪrkulʲ |

| traçar (vt) | чийүү | tʃijyy |
| desenho (m) técnico | чийме | tʃijme |

| poesia (f) | ыр сап | ɪr sap |
| de cor | жатка | dʒatka |
| decorar (vt) | жаттоо | dʒattoo |

| férias (f pl) | эс алуу | es aluu |
| estar de férias | эс алууда болуу | es aluuda boluu |
| passar as férias | эс алууну өткөзүү | es aluunu øtkøzyy |

| teste (m), prova (f) | текшерүү иш | tekʃeryy iʃ |
| redação (f) | дил баян | dil bajan |
| ditado (m) | жат жаздыруу | dʒat dʒazdɪruu |
| exame (m), prova (f) | экзамен | ekzamen |
| fazer prova | экзамен тапшыруу | ekzamen tapʃiruu |
| experiência (~ química) | тажрыйба | tadʒrɪjba |

## 95. Colégio. Universidade

| academia (f) | академия | akademija |
| universidade (f) | университет | universitet |
| faculdade (f) | факультет | fakulʲtet |

| estudante (m) | студент бала | student bala |
| estudante (f) | студент кыз | student kɪz |
| professor (m) | мугалим | mugalim |

| auditório (m) | дарскана | darskana |
| graduado (m) | окуу жайды бүтүрүүчү | okuu dʒajdɪ bytyryytʃy |

| diploma (m) | диплом | diplom |
| tese (f) | диссертация | dissertatsija |

| estudo (obra) | изилдөө | izildøø |
| laboratório (m) | лаборатория | laboratorija |

| palestra (f) | лекция | lektsija |
| colega (m) de curso | курсташ | kurstaʃ |

| bolsa (f) de estudos | стипендия | stipendija |
| grau (m) acadêmico | илимий даража | ilimij daradʒa |

## 96. Ciências. Disciplinas

| | | |
|---|---|---|
| matemática (f) | математика | matematika |
| álgebra (f) | алгебра | algebra |
| geometria (f) | геометрия | geometrija |
| astronomia (f) | астрономия | astronomija |
| biologia (f) | биология | biologija |
| geografia (f) | география | geografija |
| geologia (f) | геология | geologija |
| história (f) | тарых | tarıx |
| medicina (f) | медицина | meditsina |
| pedagogia (f) | педагогика | pedagogika |
| direito (m) | укук | ukuk |
| física (f) | физика | fizika |
| química (f) | химия | ximija |
| filosofia (f) | философия | filosofija |
| psicologia (f) | психология | psixologija |

## 97. Sistema de escrita. Ortografia

| | | |
|---|---|---|
| gramática (f) | грамматика | grammatika |
| vocabulário (m) | лексика | leksika |
| fonética (f) | фонетика | fonetika |
| substantivo (m) | зат атооч | zat atootʃ |
| adjetivo (m) | сын атооч | sın atootʃ |
| verbo (m) | этиш | etiʃ |
| advérbio (m) | тактооч | taktootʃ |
| pronome (m) | ат атооч | at atootʃ |
| interjeição (f) | сырдык сөз | sırdık søz |
| preposição (f) | препозиция | prepozitsija |
| raiz (f) | сөздүн уңгусу | søzdyn uŋgusu |
| terminação (f) | жалгоо | dʒalgoo |
| prefixo (m) | префикс | prefiks |
| sílaba (f) | муун | muun |
| sufixo (m) | суффикс | suffiks |
| acento (m) | басым | basım |
| apóstrofo (f) | апостроф | apostrof |
| ponto (m) | чекит | tʃekit |
| vírgula (f) | үтүр | ytyr |
| ponto e vírgula (m) | чекитүү үтүр | tʃekityy ytyr |
| dois pontos (m pl) | кош чекит | koʃ tʃekit |
| reticências (f pl) | көп чекит | køp tʃekit |
| ponto (m) de interrogação | суроо белгиси | suroo belgisi |
| ponto (m) de exclamação | илеп белгиси | ilep belgisi |

| aspas (f pl) | тырмакча | tırmakʧa |
| entre aspas | тырмакчага алынган | tırmakʧaga alıngan |
| parênteses (m pl) | кашаа | kaʃaa |
| entre parênteses | кашаага алынган | kaʃaaga alıngan |

| hífen (m) | дефис | defis |
| travessão (m) | тире | tire |
| espaço (m) | аралык | aralık |

| letra (f) | тамга | tamga |
| letra (f) maiúscula | баш тамга | baʃ tamga |

| vogal (f) | үндүү тыбыш | yndyy tıbıʃ |
| consoante (f) | үнсүз тыбыш | ynsyz tıbıʃ |

| frase (f) | сүйлөм | syjløm |
| sujeito (m) | сүйлөмдүн ээси | syjlømdyn eesi |
| predicado (m) | баяндооч | bajandooʧ |

| linha (f) | сап | sap |
| em uma nova linha | жаңы сап | dʒaŋı sap |
| parágrafo (m) | абзац | abzaʦ |

| palavra (f) | сөз | søz |
| grupo (m) de palavras | сөз айкашы | søz ajkaʃı |
| expressão (f) | туюнтма | tujʉntma |
| sinônimo (m) | синоним | sinonim |
| antônimo (m) | антоним | antonim |

| regra (f) | эреже | eredʒe |
| exceção (f) | чектен чыгаруу | ʧekten ʧıgaruu |
| correto (adj) | туура | tuura |

| conjugação (f) | жактоо | dʒaktoo |
| declinação (f) | жөндөлүш | dʒøndølyʃ |
| caso (m) | жөндөмө | dʒøndømø |
| pergunta (f) | суроо | suroo |
| sublinhar (vt) | баса белгилөө | basa belgiløø |
| linha (f) pontilhada | пунктир | punktir |

## 98. Línguas estrangeiras

| língua (f) | тил | til |
| estrangeiro (adj) | чет | ʧet |
| língua (f) estrangeira | чет тил | ʧet til |
| estudar (vt) | окуу | okuu |
| aprender (vt) | үйрөнүү | yjrønyy |

| ler (vt) | окуу | okuu |
| falar (vi) | сүйлөө | syjløø |
| entender (vt) | түшүнүү | tyʃynyy |
| escrever (vt) | жазуу | dʒazuu |
| rapidamente | тез | tez |
| devagar, lentamente | жай | dʒaj |

| | | |
|---|---|---|
| fluentemente | эркин | erkin |
| regras (f pl) | эрежелер | eredʒeler |
| gramática (f) | грамматика | grammatika |
| vocabulário (m) | лексика | leksika |
| fonética (f) | фонетика | fonetika |
| | | |
| livro (m) didático | китеп | kitep |
| dicionário (m) | сөздүк | søzdyk |
| manual (m) autodidático | өзү үйрөткүч | øzy yjrøtkyʧ |
| guia (m) de conversação | тилачар | tilaʧar |
| | | |
| fita (f) cassete | кассета | kasseta |
| videoteipe (m) | видеокассета | videokasseta |
| CD (m) | CD, компакт-диск | sidi, kompakt-disk |
| DVD (m) | DVD-диск | dividi-disk |
| | | |
| alfabeto (m) | алфавит | alfavit |
| soletrar (vt) | эжелеп айтуу | edʒelep ajtuu |
| pronúncia (f) | айтылышы | ajtılıʃı |
| | | |
| sotaque (m) | акцент | aktsent |
| com sotaque | акцент менен | aktsent menen |
| sem sotaque | акцентсиз | aktsentsiz |
| | | |
| palavra (f) | сөз | søz |
| sentido (m) | маани | maani |
| | | |
| curso (m) | курстар | kurstar |
| inscrever-se (vr) | курска жазылуу | kurska dʒazıluu |
| professor (m) | окутуучу | okutuuʧu |
| | | |
| tradução (processo) | которуу | kotoruu |
| tradução (texto) | котормо | kotormo |
| tradutor (m) | котормочу | kotormoʧu |
| intérprete (m) | оозеки котормочу | oozeki kotormoʧu |
| | | |
| poliglota (m) | полиглот | poliglot |
| memória (f) | эс тутум | es tutum |

# Descanso. Entretenimento. Viagens

## 99. Viagens

| | | |
|---|---|---|
| turismo (m) | туризм | turizm |
| turista (m) | турист | turist |
| viagem (f) | саякат | sajakat |
| aventura (f) | укмуштуу окуя | ukmuʃtuu okuja |
| percurso (curta viagem) | сапар | sapar |
| | | |
| férias (f pl) | дем алыш | dem alıʃ |
| estar de férias | дем алышка чыгуу | dem alıʃka ʧıguu |
| descanso (m) | эс алуу | es aluu |
| | | |
| trem (m) | поезд | poezd |
| de trem (chegar ~) | поезд менен | poezd menen |
| avião (m) | учак | uʧak |
| de avião | учакта | uʧakta |
| de carro | автомобилде | avtomobilde |
| de navio | кемеде | kemede |
| | | |
| bagagem (f) | жүк | dʒyk |
| mala (f) | чемодан | ʧemodan |
| carrinho (m) | араба | araba |
| | | |
| passaporte (m) | паспорт | pasport |
| visto (m) | виза | viza |
| passagem (f) | билет | bilet |
| passagem (f) aérea | авиабилет | aviabilet |
| | | |
| guia (m) de viagem | жол көрсөткүч | dʒol kørsøtkytʃ |
| mapa (m) | карта | karta |
| área (f) | жай | dʒaj |
| lugar (m) | жер | dʒer |
| | | |
| exotismo (m) | экзотика | ekzotika |
| exótico (adj) | экзотикалуу | ekzotikaluu |
| surpreendente (adj) | ажайып | adʒajıp |
| | | |
| grupo (m) | топ | top |
| excursão (f) | экскурсия | ekskursija |
| guia (m) | экскурсия жетекчиси | ekskursija dʒetektʃisi |

## 100. Hotel

| | | |
|---|---|---|
| hotel (m), hospedaria (f) | мейманкана | mejmankana |
| motel (m) | мотель | motelʲ |
| três estrelas | үч жылдыздуу | ytʃ dʒıldızduu |

| | | |
|---|---|---|
| cinco estrelas | беш жылдыздуу | beʃ dʒıldızduu |
| ficar (vi, vt) | токтоо | toktoo |
| | | |
| quarto (m) | номер | nomer |
| quarto (m) individual | бир орундуу | bir orunduu |
| quarto (m) duplo | эки орундуу | eki orunduu |
| reservar um quarto | номерди камдык буйрутмалоо | nomerdi kamdık bujrutmaloo |
| | | |
| meia pensão (f) | жарым пансион | dʒarım pansion |
| pensão (f) completa | толук пансион | toluk pansion |
| | | |
| com banheira | ваннасы менен | vannası menen |
| com chuveiro | душ менен | duʃ menen |
| televisão (m) por satélite | спутник | sputnik |
| ar (m) condicionado | аба желдеткич | aba dʒeldetkiʧ |
| toalha (f) | сүлгү | sylgy |
| chave (f) | ачкыч | aʧkıʧ |
| | | |
| administrador (m) | администратор | administrator |
| camareira (f) | үй кызматкери | yj kızmatkeri |
| bagageiro (m) | жүк ташуучу | dʒyk taʃuuʧu |
| porteiro (m) | эшик ачуучу | eʃik aʧuuʧu |
| | | |
| restaurante (m) | ресторан | restoran |
| bar (m) | бар | bar |
| café (m) da manhã | таңкы тамак | taŋkı tamak |
| jantar (m) | кечки тамак | keʧki tamak |
| bufê (m) | шведче стол | ʃvedʧe stol |
| | | |
| saguão (m) | вестибюль | vestibu̶lʲ |
| elevador (m) | лифт | lift |
| | | |
| NÃO PERTURBE | ТЫНЧЫБЫЗДЫ АЛБАГЫЛА! | tınʧıbızdı albagıla! |
| | | |
| PROIBIDO FUMAR! | ТАМЕКИ ЧЕГҮҮГӨ БОЛБОЙТ! | tameki ʧegyygø bolbojt! |

# EQUIPAMENTO TÉCNICO. TRANSPORTES

## Equipamento técnico. Transportes

### 101. Computador

| | | |
|---|---|---|
| computador (m) | компьютер | kompjuter |
| computador (m) portátil | ноутбук | noutbuk |
| | | |
| ligar (vt) | күйгүзүү | kyjgyzyy |
| desligar (vt) | өчүрүү | øtʃyryy |
| | | |
| teclado (m) | ариптакта | ariptakta |
| tecla (f) | баскыч | baskıtʃ |
| mouse (m) | чычкан | tʃıtʃkan |
| tapete (m) para mouse | килемче | kilemtʃe |
| | | |
| botão (m) | баскыч | baskıtʃ |
| cursor (m) | курсор | kursor |
| | | |
| monitor (m) | монитор | monitor |
| tela (f) | экран | ekran |
| | | |
| disco (m) rígido | катуу диск | katuu disk |
| capacidade (f) do disco rígido | катуу дисктин көлөмү | katuu disktin kølømy |
| memória (f) | эс тутум | es tutum |
| memória RAM (f) | оперативдик эс тутум | operativdik es tutum |
| | | |
| arquivo (m) | файл | fajl |
| pasta (f) | папка | papka |
| abrir (vt) | ачуу | atʃuu |
| fechar (vt) | жабуу | dʒabuu |
| | | |
| salvar (vt) | сактоо | saktoo |
| deletar (vt) | жок кылуу | dʒok kıluu |
| copiar (vt) | көчүрүү | køtʃyryy |
| ordenar (vt) | иреттөө | irettøø |
| copiar (vt) | өткөрүү | øtkøryy |
| | | |
| programa (m) | программа | programma |
| software (m) | программалык | programmalık |
| programador (m) | программист | programmist |
| programar (vt) | программалаштыруу | programmalaʃtıruu |
| | | |
| hacker (m) | хакер | χaker |
| senha (f) | сырсөз | sırsøz |
| vírus (m) | вирус | virus |
| detectar (vt) | издеп табуу | izdep tabuu |
| byte (m) | байт | bajt |

| | | |
|---|---|---|
| megabyte (m) | мегабайт | megabajt |
| dados (m pl) | маалыматтар | maalımattar |
| base (f) de dados | маалымат базасы | maalımat bazası |
| cabo (m) | кабель | kabelʲ |
| desconectar (vt) | ажыратуу | adʒıratuu |
| conectar (vt) | туташтыруу | tutaʃtıruu |

## 102. Internet. E-mail

| | | |
|---|---|---|
| internet (f) | интернет | internet |
| browser (m) | браузер | brauzer |
| motor (m) de busca | издөө аспабы | izdøø aspabı |
| provedor (m) | провайдер | provajder |
| webmaster (m) | веб-мастер | web-master |
| website (m) | веб-сайт | web-sajt |
| web page (f) | веб-баракча | web-baraktʃa |
| endereço (m) | дарек | darek |
| livro (m) de endereços | дарек китепчеси | darek kiteptʃesi |
| caixa (f) de correio | почта ящиги | potʃta jaʃtʃigi |
| correio (m) | почта | potʃta |
| cheia (caixa de correio) | толуп калган | tolup kalgan |
| mensagem (f) | кабар | kabar |
| mensagens (f pl) recebidas | келген кабарлар | kelgen kabarlar |
| mensagens (f pl) enviadas | жөнөтүлгөн кабарлар | dʒønøtylgøn kabarlar |
| remetente (m) | жөнөтүүчү | dʒønøtyytʃy |
| enviar (vt) | жөнөтүү | dʒønøtyy |
| envio (m) | жөнөтүү | dʒønøtyy |
| destinatário (m) | алуучу | aluutʃu |
| receber (vt) | алуу | aluu |
| correspondência (f) | жазышуу | dʒazıʃuu |
| corresponder-se (vr) | жазышуу | dʒazıʃuu |
| arquivo (m) | файл | fajl |
| fazer download, baixar (vt) | жүктөө | dʒyktøø |
| criar (vt) | жаратуу | dʒaratuu |
| deletar (vt) | жок кылуу | dʒok kıluu |
| deletado (adj) | жок кылынган | dʒok kılıngan |
| conexão (f) | байланыш | bajlanıʃ |
| velocidade (f) | ылдамдык | ıldamdık |
| modem (m) | модем | modem |
| acesso (m) | жеткирилүү | dʒetkirilyy |
| porta (f) | порт | port |
| conexão (f) | туташуу | tutaʃuu |
| conectar (vi) | ... туташуу | ... tutaʃuu |

| escolher (vt) | тандоо | tandoo |
| buscar (vt) | ... издөө | ... izdøø |

## 103. Eletricidade

| eletricidade (f) | электр кубаты | elektr kubatı |
| elétrico (adj) | электрикалык | elektrikalık |
| planta (f) elétrica | электростанция | elektrostantsija |
| energia (f) | энергия | energija |
| energia (f) elétrica | электр кубаты | elektr kubatı |

| lâmpada (f) | лампочка | lampoʧka |
| lanterna (f) | шам | ʃam |
| poste (m) de iluminação | шам | ʃam |

| luz (f) | жарык | dʒarık |
| ligar (vt) | күйгүзүү | kyjgyzyy |
| desligar (vt) | өчүрүү | øʧyryy |
| apagar a luz | жарыкты өчүрүү | dʒarıktı øʧyryy |

| queimar (vi) | күйүп кетүү | kyjyp ketyy |
| curto-circuito (m) | кыска туташуу | kıska tutaʃuu |
| ruptura (f) | үзүлүү | yzylyy |
| contato (m) | контакт | kontakt |

| interruptor (m) | өчүргүч | øʧyrgyʧ |
| tomada (de parede) | розетка | rozetka |
| plugue (m) | сайгыч | sajgıʧ |
| extensão (f) | узарткыч | uzartkıʧ |

| fusível (m) | эриме сактагыч | erime saktagıʧ |
| fio, cabo (m) | зым | zım |
| instalação (f) elétrica | электр зымы | elektr zımı |

| ampère (m) | ампер | amper |
| amperagem (f) | токтун күчү | toktun kyʧy |
| volt (m) | вольт | volʲt |
| voltagem (f) | чыңалуу | ʧıŋaluu |

| aparelho (m) elétrico | электр алет | elektr alet |
| indicador (m) | көрсөткүч | kørsøtkyʧ |

| eletricista (m) | электрик | elektrik |
| soldar (vt) | кандоо | kaŋdoo |
| soldador (m) | кандагыч аспап | kaŋdagıʧ aspap |
| corrente (f) elétrica | электр тогу | elektr togu |

## 104. Ferramentas

| ferramenta (f) | аспап | aspap |
| ferramentas (f pl) | аспаптар | aspaptar |
| equipamento (m) | жабдуу | dʒabduu |

| | | |
|---|---|---|
| martelo (m) | балка | balka |
| chave (f) de fenda | бурагыч | buragıtʃ |
| machado (m) | балта | balta |
| | | |
| serra (f) | араа | araa |
| serrar (vt) | араоо | araloo |
| plaina (f) | тактай сүргүч | taktaj syrgytʃ |
| aplainar (vt) | сүрүү | syryy |
| soldador (m) | кандагыч аспап | kaŋdagıtʃ aspap |
| soldar (vt) | кандоо | kaŋdoo |
| | | |
| lima (f) | өгөө | øgøø |
| tenaz (f) | аттиш | attiʃ |
| alicate (m) | жалпак тиштүү кычкач | dʒalpak tiʃtyy kıtʃkatʃ |
| formão (m) | тешкич | teʃkitʃ |
| | | |
| broca (f) | бургу | burgu |
| furadeira (f) elétrica | үшкү | yʃky |
| furar (vt) | бургулап тешүү | burgulap teʃyy |
| | | |
| faca (f) | бычак | bıtʃak |
| canivete (m) | чөнтөк бычак | tʃøntøk bıtʃak |
| lâmina (f) | миз | miz |
| | | |
| afiado (adj) | курч | kurtʃ |
| cego (adj) | мокок | mokok |
| embotar-se (vr) | мокотулуу | mokotuluu |
| afiar, amolar (vt) | курчутуу | kurtʃutuu |
| | | |
| parafuso (m) | буроо | buroo |
| porca (f) | бурама | burama |
| rosca (f) | бураманын сайы | buramanın sajı |
| parafuso (para madeira) | буроо мык | buroo mık |
| | | |
| prego (m) | мык | mık |
| cabeça (f) do prego | баш | baʃ |
| | | |
| régua (f) | сызгыч | sızgıtʃ |
| fita (f) métrica | рулетка | ruletka |
| nível (m) | деңгээл | deŋgeel |
| lupa (f) | чоңойтуч | tʃoŋojtutʃ |
| | | |
| medidor (m) | ченөөчү аспап | tʃenøøtʃy aspap |
| medir (vt) | ченөө | tʃenøø |
| escala (f) | шкала | ʃkala |
| indicação (f), registro (m) | көрсөтүү ченем | kørsøtyy tʃenem |
| | | |
| compressor (m) | компрессор | kompressor |
| microscópio (m) | микроскоп | mikroskop |
| | | |
| bomba (f) | соргу | sorgu |
| robô (m) | робот | robot |
| laser (m) | лазер | lazer |
| | | |
| chave (f) de boca | гайка ачкычы | gajka atʃkıtʃı |
| fita (f) adesiva | жабышкак тасма | dʒabıʃkak tasma |

| | | |
|---|---|---|
| cola (f) | желим | dʒelim |
| lixa (f) | кум кагаз | kum kagaz |
| mola (f) | серпилгич | serpilgitʃ |
| ímã (m) | магнит | magnit |
| luva (f) | колкап | kolkap |
| | | |
| corda (f) | аркан | arkan |
| cabo (~ de nylon, etc.) | жип | dʒip |
| fio (m) | зым | zɪm |
| cabo (~ elétrico) | кабель | kabelʲ |
| | | |
| marreta (f) | барскан | barskan |
| pé de cabra (m) | лом | lom |
| escada (f) de mão | шаты | ʃatɪ |
| escada (m) | кичинекей шаты | kitʃinekej ʃatɪ |
| | | |
| enroscar (vt) | бурап бекитүү | burap bekityy |
| desenroscar (vt) | бурап чыгаруу | burap tʃɪgaruu |
| apertar (vt) | кысуу | kɪsuu |
| colar (vt) | жабыштыруу | dʒabɪʃtɪruu |
| cortar (vt) | кесүү | kesyy |
| | | |
| falha (f) | бузулгандык | buzulgandɪk |
| conserto (m) | оңдоо | oŋdoo |
| consertar, reparar (vt) | оңдоо | oŋdoo |
| regular, ajustar (vt) | тууралоо | tuuraloo |
| | | |
| verificar (vt) | текшерүү | tekʃeryy |
| verificação (f) | текшерүү | tekʃeryy |
| indicação (f), registro (m) | көрсөтүү ченем | kørsøtyy tʃenem |
| | | |
| seguro (adj) | ишеничтүү | iʃenitʃtyy |
| complicado (adj) | кыйын | kɪjɪn |
| | | |
| enferrujar (vi) | дат басуу | dat basuu |
| enferrujado (adj) | дат баскан | dat baskan |
| ferrugem (f) | дат | dat |

# Transportes

## 105. Avião

| Português | Quirguiz | Transcrição |
|---|---|---|
| avião (m) | учак | utʃak |
| passagem (f) aérea | авиабилет | aviabilet |
| companhia (f) aérea | авиакомпания | aviakompanija |
| aeroporto (m) | аэропорт | aeroport |
| supersônico (adj) | сверхзвуковой | sverχzvukovoj |
| comandante (m) do avião | кеме командири | keme komandiri |
| tripulação (f) | экипаж | ekipadʒ |
| piloto (m) | учкуч | utʃkutʃ |
| aeromoça (f) | стюардесса | stʉardessa |
| copiloto (m) | штурман | ʃturman |
| asas (f pl) | канаттар | kanattar |
| cauda (f) | куйрук | kujruk |
| cabine (f) | кабина | kabina |
| motor (m) | кыймылдаткыч | kɨjmɨldatkɨtʃ |
| trem (m) de pouso | шасси | ʃassi |
| turbina (f) | турбина | turbina |
| hélice (f) | пропеллер | propeller |
| caixa-preta (f) | кара куту | kara kutu |
| coluna (f) de controle | штурвал | ʃturval |
| combustível (m) | күйүүчү май | kyjyytʃy may |
| instruções (f pl) de segurança | коопсуздук көрсөтмөсү | koopsuzduk kørsøtmøsy |
| máscara (f) de oxigênio | кислород чүмбөтү | kislorod tʃymbøty |
| uniforme (m) | бир беткей кийим | bir betkey kijim |
| colete (m) salva-vidas | куткаруучу күрмө | kutkaruutʃu kyrmø |
| paraquedas (m) | парашют | paraʃut |
| decolagem (f) | учуп көтөрүлүү | utʃup køtørylyy |
| descolar (vi) | учуп көтөрүлүү | utʃup køtørylyy |
| pista (f) de decolagem | учуп чыгуу тилкеси | utʃup tʃɨguu tilkesi |
| visibilidade (f) | көрүнүш | kørynyʃ |
| voo (m) | учуу | utʃuu |
| altura (f) | бийиктик | bijiktik |
| poço (m) de ar | аба чүңкуру | aba tʃyŋkuru |
| assento (m) | орун | orun |
| fone (m) de ouvido | кулакчын | kulaktʃɨn |
| mesa (f) retrátil | бүктөлмө стол | byktølmø stol |
| janela (f) | иллюминатор | illʉminator |
| corredor (m) | өтмөк | øtmøk |

## 106. Comboio

| | | |
|---|---|---|
| trem (m) | поезд | poezd |
| trem (m) elétrico | электричка | elektritʃka |
| trem (m) | бат жүрүүчү поезд | bat dʒyryytʃy poezd |
| locomotiva (f) diesel | тепловоз | teplovoz |
| locomotiva (f) a vapor | паровоз | parovoz |
| | | |
| vagão (f) de passageiros | вагон | vagon |
| vagão-restaurante (m) | вагон-ресторан | vagon-restoran |
| | | |
| carris (m pl) | рельсалар | relʲsalar |
| estrada (f) de ferro | темир жолу | temir dʒolu |
| travessa (f) | шпала | ʃpala |
| | | |
| plataforma (f) | платформа | platforma |
| linha (f) | жол | dʒol |
| semáforo (m) | семафор | semafor |
| estação (f) | бекет | beket |
| | | |
| maquinista (m) | машинист | maʃinist |
| bagageiro (m) | жук ташуучу | dʒuk taʃuutʃu |
| hospedeiro, -a (m, f) | проводник | provodnik |
| passageiro (m) | жүргүнчү | dʒyrgyntʃy |
| revisor (m) | текшерүүчү | tekʃeryytʃy |
| | | |
| corredor (m) | коридор | koridor |
| freio (m) de emergência | стоп-кран | stop-kran |
| | | |
| compartimento (m) | купе | kupe |
| cama (f) | текче | tektʃe |
| cama (f) de cima | үстүңкү текче | ystyŋky tektʃe |
| cama (f) de baixo | ылдыйкы текче | ıldıjkı tektʃe |
| roupa (f) de cama | жууркан-төшөк | dʒuurkan-tøʃøk |
| | | |
| passagem (f) | билет | bilet |
| horário (m) | ырааттама | ıraattama |
| painel (m) de informação | табло | tablo |
| | | |
| partir (vt) | жөнөө | dʒønøø |
| partida (f) | жөнөө | dʒønøø |
| chegar (vi) | келүү | kelyy |
| chegada (f) | келүү | kelyy |
| | | |
| chegar de trem | поезд менен келүү | poezd menen kelyy |
| pegar o trem | поездге отуруу | poezdge oturuu |
| descer de trem | поездден түшүү | poezdden tyʃyy |
| | | |
| acidente (m) ferroviário | кыйроо | kıjroo |
| descarrilar (vi) | рельсадан чыгып кетүү | relʲsadan tʃıgıp ketyy |
| | | |
| locomotiva (f) a vapor | паровоз | parovoz |
| foguista (m) | от жагуучу | ot dʒaguutʃu |
| fornalha (f) | меш | meʃ |
| carvão (m) | көмүр | kømyr |

## 107. Barco

| navio (m) | кеме | keme |
| embarcação (f) | кеме | keme |

| barco (m) a vapor | пароход | paroχod |
| barco (m) fluvial | теплоход | teploχod |
| transatlântico (m) | лайнер | lajner |
| cruzeiro (m) | крейсер | krejser |

| iate (m) | яхта | jaχta |
| rebocador (m) | буксир | buksir |
| barcaça (f) | баржа | bardʒa |
| ferry (m) | паром | parom |

| veleiro (m) | парус | parus |
| bergantim (m) | бригантина | brigantina |

| quebra-gelo (m) | муз жаргыч кеме | muz dʒargɪtʃ keme |
| submarino (m) | суу астында жүрүүчү кеме | suu astında dʒyryytʃy keme |

| bote, barco (m) | кайык | kajık |
| baleeira (bote salva-vidas) | шлюпка | ʃlʉpka |
| bote (m) salva-vidas | куткаруу шлюпкасы | kutkaruu ʃlʉpkası |
| lancha (f) | катер | kater |

| capitão (m) | капитан | kapitan |
| marinheiro (m) | матрос | matros |
| marujo (m) | деңизчи | deŋiztʃi |
| tripulação (f) | экипаж | ekipadʒ |

| contramestre (m) | боцман | botsman |
| grumete (m) | юнга | jʉnga |
| cozinheiro (m) de bordo | кок | kok |
| médico (m) de bordo | кеме доктуру | keme dokturu |

| convés (m) | палуба | paluba |
| mastro (m) | мачта | matʃta |
| vela (f) | парус | parus |

| porão (m) | трюм | trʉm |
| proa (f) | тумшук | tumʃuk |
| popa (f) | кеменин арткы бөлүгү | kemenin artkı bølygy |
| remo (m) | калак | kalak |
| hélice (f) | винт | vint |

| cabine (m) | каюта | kajʉta |
| sala (f) dos oficiais | кают-компания | kajʉt-kompanija |
| sala (f) das máquinas | машина бөлүгү | maʃina bølygy |
| ponte (m) de comando | капитан мостиги | kapitan mostigi |
| sala (f) de comunicações | радиорубка | radiorubka |
| onda (f) | толкун | tolkun |
| diário (m) de bordo | кеме журналы | keme dʒurnalı |
| luneta (f) | дүрбү | dyrby |

| | | |
|---|---|---|
| sino (m) | коӊгуроо | koŋguroo |
| bandeira (f) | байрак | bajrak |
| cabo (m) | аркан | arkan |
| nó (m) | түйүн | tyjyn |
| corrimão (m) | туткуч | tutkutʃ |
| prancha (f) de embarque | трап | trap |
| âncora (f) | кеме казык | keme kazık |
| recolher a âncora | кеме казыкты көтөрүү | keme kazıktı køtøryy |
| jogar a âncora | кеме казыкты таштоо | keme kazıktı taʃtoo |
| amarra (corrente de âncora) | казык чынжыры | kazık tʃındʒırı |
| porto (m) | порт | port |
| cais, amarradouro (m) | причал | pritʃal |
| atracar (vi) | келип токтоо | kelip toktoo |
| desatracar (vi) | жээктен алыстоо | dʒeekten alıstoo |
| viagem (f) | саякат | sajakat |
| cruzeiro (m) | деӊиз саякаты | deŋiz sajakatı |
| rumo (m) | курс | kurs |
| itinerário (m) | каттам | kattam |
| canal (m) de navegação | фарватер | farvater |
| banco (m) de areia | тайыз жер | tajız dʒer |
| encalhar (vt) | тайыз жерге отуруу | tajız dʒerge oturuu |
| tempestade (f) | бороон чапкын | boroon tʃapkın |
| sinal (m) | сигнал | signal |
| afundar-se (vr) | чөгүү | tʃøgyy |
| Homem ao mar! | Сууда адам бар! | suuda adam bar! |
| SOS | SOS | sos |
| boia (f) salva-vidas | куткаруучу тегерек | kutkaruutʃu tegerek |

## 108. Aeroporto

| | | |
|---|---|---|
| aeroporto (m) | аэропорт | aeroport |
| avião (m) | учак | utʃak |
| companhia (f) aérea | авиакомпания | aviakompanija |
| controlador (m) de tráfego aéreo | авиадиспетчер | aviadispettʃer |
| partida (f) | учуп кетүү | utʃup ketyy |
| chegada (f) | учуп келүү | utʃup kelyy |
| chegar (vi) | учуп келүү | utʃup kelyy |
| hora (f) de partida | учуп кетүү убактысы | utʃup ketyy ubaktısı |
| hora (f) de chegada | учуп келүү убактысы | utʃup kelyy ubaktısı |
| estar atrasado | кармалуу | karmaluu |
| atraso (m) de voo | учуп кетүүнүн кечигиши | utʃup ketyynyn ketʃigiʃi |
| painel (m) de informação | маалымат таблосу | maalımat tablosu |
| informação (f) | маалымат | maalımat |

| | | |
|---|---|---|
| anunciar (vt) | кулактандыруу | kulaktandıruu |
| voo (m) | рейс | rejs |
| | | |
| alfândega (f) | бажыкана | badʒıkana |
| funcionário (m) da alfândega | бажы кызматкери | badʒı kızmatkeri |
| | | |
| declaração (f) alfandegária | бажы декларациясы | badʒı deklaratsijası |
| preencher (vt) | толтуруу | tolturuu |
| preencher a declaração | декларация толтуруу | deklaratsija tolturuu |
| controle (m) de passaporte | паспорт текшерүү | pasport tekʃeryy |
| | | |
| bagagem (f) | жүк | dʒyk |
| bagagem (f) de mão | кол жүгү | kol dʒygy |
| carrinho (m) | араба | araba |
| | | |
| pouso (m) | конуу | konuu |
| pista (f) de pouso | конуу тилкеси | konuu tilkesi |
| aterrissar (vi) | конуу | konuu |
| escada (f) de avião | трап | trap |
| | | |
| check-in (m) | катталуу | kattaluu |
| balcão (m) do check-in | каттоо стойкасы | kattoo stojkası |
| fazer o check-in | катталуу | kattaluu |
| cartão (m) de embarque | отуруу үчүн талон | oturuu ytʃyn talon |
| portão (m) de embarque | чыгуу | tʃıguu |
| | | |
| trânsito (m) | транзит | tranzit |
| esperar (vi, vt) | күтүү | kytyy |
| sala (f) de espera | күтүү залы | kutyy zalı |
| despedir-se (acompanhar) | узатуу | uzatuu |
| despedir-se (dizer adeus) | коштошуу | koʃtoʃuu |

# Eventos

## 109. Férias. Evento

| | | |
|---|---|---|
| festa (f) | майрам | majram |
| feriado (m) nacional | улуттук | uluttuk |
| feriado (m) | майрам күнү | majram kyny |
| festejar (vt) | майрамдоо | majramdoo |
| | | |
| evento (festa, etc.) | окуя | okuja |
| evento (banquete, etc.) | иш-чара | iʃ-tʃara |
| banquete (m) | банкет | banket |
| recepção (f) | кабыл алуу | kabıl aluu |
| festim (m) | той | toj |
| | | |
| aniversário (m) | жылдык | dʒıldık |
| jubileu (m) | юбилей | jubilej |
| celebrar (vt) | белгилөө | belgilөө |
| | | |
| Ano (m) Novo | Жаны жыл | dʒanı dʒıl |
| Feliz Ano Novo! | Жаны Жылыңар менен! | dʒanı dʒılıŋar menen! |
| Papai Noel (m) | Аяз ата, Санта Клаус | ajaz ata, santa klaus |
| | | |
| Natal (m) | Рождество | rodʒdestvo |
| Feliz Natal! | Рождество майрамыңыз менен! | rodʒdestvo majramıŋız menen! |
| árvore (f) de Natal | Жаңы жылдык балаты | dʒaŋı dʒıldık balatı |
| fogos (m pl) de artifício | салют | salʉt |
| | | |
| casamento (m) | үйлөнүү той | yjlөnyy toy |
| noivo (m) | күйөө | kyjөө |
| noiva (f) | колукту | koluktu |
| | | |
| convidar (vt) | чакыруу | tʃakıruu |
| convite (m) | чакыруу | tʃakıruu |
| | | |
| convidado (m) | конок | konok |
| visitar (vt) | конокко баруу | konokko baruu |
| receber os convidados | конок тосуу | konok tosuu |
| | | |
| presente (m) | белек | belek |
| oferecer, dar (vt) | белек берүү | belek beryy |
| receber presentes | белек алуу | belek aluu |
| buquê (m) de flores | десте | deste |
| | | |
| felicitações (f pl) | куттуктоо | kuttuktoo |
| felicitar (vt) | куттуктоо | kuttuktoo |
| | | |
| cartão (m) de parabéns | куттуктоо ачык каты | kuttuktoo atʃık katı |
| enviar um cartão postal | ачык катты жөнөтүү | atʃık kattı dʒөnөtyy |

| receber um cartão postal | ачык катты алуу | atʃık kattı aluu |
| brinde (m) | каалоо тилек | kaaloo tilek |
| oferecer (vt) | ооз тийгизүү | ooz tijgizyy |
| champanhe (m) | шампан | ʃampan |

| divertir-se (vr) | көңүл ачуу | køŋyl atʃuu |
| diversão (f) | көңүлдүүлүк | køŋyldyylyk |
| alegria (f) | кубаныч | kubanıtʃ |

| dança (f) | бий | bij |
| dançar (vi) | бийлөө | bijløø |

| valsa (f) | вальс | valʲs |
| tango (m) | танго | tango |

## 110. Funerais. Enterro

| cemitério (m) | мүрзө | myrzø |
| sepultura (f), túmulo (m) | мүрзө | myrzø |
| cruz (f) | крест | krest |
| lápide (f) | мүрзө үстүндөгү жазуу | myrzø ystyndøgy dʒazuu |
| cerca (f) | тосмо | tosmo |
| capela (f) | кичинекей чиркөө | kitʃinekej tʃirkøø |

| morte (f) | өлүм | ølym |
| morrer (vi) | өлүү | ølyy |
| defunto (m) | маркум | markum |
| luto (m) | аза | aza |

| enterrar, sepultar (vt) | көмүү | kømyy |
| funerária (f) | ырасым бюросу | ırasım bɥrosu |
| funeral (m) | сөөк узатуу жана көмүү | søøk uzatuu dʒana kømyy |

| coroa (f) de flores | гүлчамбар | gyltʃambar |
| caixão (m) | табыт | tabıt |
| carro (m) funerário | катафалк | katafalk |
| mortalha (f) | кепин | kepin |

| procissão (f) funerária | узатуу жүрүшү | uzatuu dʒyryʃy |
| urna (f) funerária | сөөк күлдүн кутусу | søøk kyldyn kutusu |
| crematório (m) | крематорий | krematorij |

| obituário (m), necrologia (f) | некролог | nekrolog |
| chorar (vi) | ыйлоо | ıjloo |
| soluçar (vi) | боздоп ыйлоо | bozdop ıjloo |

## 111. Guerra. Soldados

| pelotão (m) | взвод | vzvod |
| companhia (f) | рота | rota |
| regimento (m) | полк | polk |
| exército (m) | армия | armija |

| | | |
|---|---|---|
| divisão (f) | дивизия | divizija |
| esquadrão (m) | отряд | otrʲad |
| hoste (f) | куралдуу аскер | kuralduu asker |
| | | |
| soldado (m) | аскер | asker |
| oficial (m) | офицер | ofitser |
| | | |
| soldado (m) raso | катардагы жоокер | katardagı dʒooker |
| sargento (m) | сержант | serdʒant |
| tenente (m) | лейтенант | lejtenant |
| capitão (m) | капитан | kapitan |
| major (m) | майор | major |
| | | |
| coronel (m) | полковник | polkovnik |
| general (m) | генерал | general |
| | | |
| marujo (m) | деңизчи | deŋiztʃi |
| capitão (m) | капитан | kapitan |
| contramestre (m) | боцман | botsman |
| | | |
| artilheiro (m) | артиллерист | artillerist |
| soldado (m) paraquedista | десантник | desantnik |
| piloto (m) | учкуч | utʃkutʃ |
| | | |
| navegador (m) | штурман | ʃturman |
| mecânico (m) | механик | meχanik |
| | | |
| sapador-mineiro (m) | сапёр | sapʲor |
| paraquedista (m) | парашютист | paraʃʉtist |
| | | |
| explorador (m) | чалгынчы | tʃalgıntʃı |
| atirador (m) de tocaia | көзатар | køzatar |
| | | |
| patrulha (f) | жол-күзөт | dʒol-kүzøt |
| patrulhar (vt) | жол-күзөткө чыгуу | dʒol-kүzøtkø tʃıguu |
| sentinela (f) | сакчы | saktʃı |
| | | |
| guerreiro (m) | жоокер | dʒooker |
| patriota (m) | мекенчил | mekentʃil |
| | | |
| herói (m) | баатыр | baatır |
| heroína (f) | баатыр айым | baatır ajım |
| | | |
| traidor (m) | чыккынчы | tʃıkkıntʃı |
| trair (vt) | кыянаттык кылуу | kıjanattık kıluu |
| | | |
| desertor (m) | качкын | katʃkın |
| desertar (vt) | качуу | katʃuu |
| | | |
| mercenário (m) | жалданма | dʒaldanma |
| recruta (m) | жаңы алынган аскер | dʒaŋı alıngan asker |
| voluntário (m) | ыктыярчы | ıktıjartʃı |
| | | |
| morto (m) | өлтүрүлгөн | øltүrүlgøn |
| ferido (m) | жарадар | dʒaradar |
| prisioneiro (m) de guerra | туткун | tutkun |

## 112. Guerra. Ações militares. Parte 1

| | | |
|---|---|---|
| guerra (f) | согуш | soguʃ |
| guerrear (vt) | согушуу | soguʃuu |
| guerra (f) civil | жарандык согуш | dʒarandık soguʃ |
| | | |
| perfidamente | жүзү каралык менен кол салуу | dʒyzy karalık menen kol saluu |
| declaração (f) de guerra | согушту жарыялоо | soguʃtu dʒarıjaloo |
| declarar guerra | согуш жарыялоо | soguʃ dʒarıjaloo |
| agressão (f) | агрессия | agressija |
| atacar (vt) | кол салуу | kol saluu |
| | | |
| invadir (vt) | басып алуу | basıp aluu |
| invasor (m) | баскынчы | baskıntʃı |
| conquistador (m) | басып алуучу | basıp aluutʃu |
| | | |
| defesa (f) | коргонуу | korgonuu |
| defender (vt) | коргоо | korgoo |
| defender-se (vr) | коргонуу | korgonuu |
| | | |
| inimigo (m) | душман | duʃman |
| adversário (m) | каршылаш | karʃılaʃ |
| inimigo (adj) | душмандын | duʃmandın |
| | | |
| estratégia (f) | стратегия | strategija |
| tática (f) | тактика | taktika |
| | | |
| ordem (f) | буйрук | bujruk |
| comando (m) | команда | komanda |
| ordenar (vt) | буйрук берүү | bujruk beryy |
| missão (f) | тапшырма | tapʃırma |
| secreto (adj) | жашыруун | dʒaʃıruun |
| | | |
| batalha (f) | согуш | soguʃ |
| combate (m) | салгылаш | salgılaʃ |
| | | |
| ataque (m) | чабуул | tʃabuul |
| assalto (m) | чабуул | tʃabuul |
| assaltar (vt) | чабуул жасоо | tʃabuul dʒasoo |
| assédio, sítio (m) | тегеректеп курчоо | tegerektep kurtʃoo |
| | | |
| ofensiva (f) | чабуул | tʃabuul |
| tomar à ofensiva | чабуул салуу | tʃabuul saluu |
| | | |
| retirada (f) | чегинүү | tʃeginyy |
| retirar-se (vr) | чегинүү | tʃeginyy |
| | | |
| cerco (m) | курчоо | kurtʃoo |
| cercar (vt) | курчоого алуу | kurtʃoogo aluu |
| | | |
| bombardeio (m) | бомба жаадыруу | bomba dʒaadıruu |
| lançar uma bomba | бомба таштоо | bomba taʃtoo |
| bombardear (vt) | бомба жаадыруу | bomba dʒaadıruu |
| explosão (f) | жарылуу | dʒarıluu |

| tiro (m) | атылуу | atıluu |
| dar um tiro | атуу | atuu |
| tiroteio (m) | атуу | atuu |

| apontar para ... | мээлөө | meeløø |
| apontar (vt) | мээлөө | meeløø |
| acertar (vt) | тийүү | tijyy |

| afundar (~ um navio, etc.) | чөктүрүү | ʧøktyryy |
| brecha (f) | тешик | teʃik |
| afundar-se (vr) | суу астына кетүү | suu astına ketyy |

| frente (m) | майдан | majdan |
| evacuação (f) | эвакуация | evakuaʦija |
| evacuar (vt) | эвакуациялоо | evakuaʦijaloo |

| trincheira (f) | окоп | okop |
| arame (m) enfarpado | тикендүү зым | tikendyy zım |
| barreira (f) anti-tanque | тосмо | tosmo |
| torre (f) de vigia | мунара | munara |

| hospital (m) militar | госпиталь | gospitalʲ |
| ferir (vt) | жарадар кылуу | dʒaradar kıluu |
| ferida (f) | жара | dʒara |
| ferido (m) | жарадар | dʒaradar |
| ficar ferido | жаракат алуу | dʒarakat aluu |
| grave (ferida ~) | оор жаракат | oor dʒarakat |

## 113. Guerra. Ações militares. Parte 2

| cativeiro (m) | туткун | tutkun |
| capturar (vt) | туткунга алуу | tutkunga aluu |
| estar em cativeiro | туткунда болуу | tutkunda boluu |
| ser aprisionado | туткунга түшүү | tutkunga tyʃyy |

| campo (m) de concentração | концлагерь | konʦlagerʲ |
| prisioneiro (m) de guerra | туткун | tutkun |
| escapar (vi) | качуу | kaʧuu |

| trair (vt) | кыянаттык кылуу | kıjanattık kıluu |
| traidor (m) | чыккынчы | ʧıkkınʧı |
| traição (f) | чыккынчылык | ʧıkkınʧılık |

| fuzilar, executar (vt) | атып өлтүрүү | atıp øltyryy |
| fuzilamento (m) | атып өлтүрүү | atıp øltyryy |

| equipamento (m) | аскер кийими | asker kijimi |
| insígnia (f) de ombro | погон | pogon |
| máscara (f) de gás | противогаз | protivogaz |

| rádio (m) | рация | raʦija |
| cifra (f), código (m) | шифр | ʃifr |
| conspiração (f) | жекеликте сактоо | dʒekelikte saktoo |
| senha (f) | сырсөз | sırsøz |

| | | |
|---|---|---|
| mina (f) | мина | mina |
| minar (vt) | миналоо | minaloo |
| campo (m) minado | мина талаасы | mina talaası |

| | | |
|---|---|---|
| alarme (m) aéreo | аба айгайы | aba ajgajı |
| alarme (m) | айгай | ajgaj |
| sinal (m) | сигнал | signal |
| sinalizador (m) | сигнал ракетасы | signal raketası |

| | | |
|---|---|---|
| quartel-general (m) | штаб | ʃtab |
| reconhecimento (m) | чалгын | tʃalgın |
| situação (f) | кырдаал | kırdaal |
| relatório (m) | рапорт | raport |
| emboscada (f) | буктурма | bukturma |
| reforço (m) | кошумча күч | koʃumtʃa kytʃ |

| | | |
|---|---|---|
| alvo (m) | бута | buta |
| campo (m) de tiro | полигон | poligon |
| manobras (f pl) | манервлер | manervler |

| | | |
|---|---|---|
| pânico (m) | дүрбөлөң | dyrbøløŋ |
| devastação (f) | кыйроо | kıjroo |
| ruínas (f pl) | кыйроо | kıjroo |
| destruir (vt) | кыйратуу | kıjratuu |

| | | |
|---|---|---|
| sobreviver (vi) | тирүү калуу | tiryy kaluu |
| desarmar (vt) | куралсыздандыруу | kuralsızdandıruu |
| manusear (vt) | мамиле кылуу | mamile kıluu |

| | | |
|---|---|---|
| Sentido! | Түз тур! | tyz tur! |
| Descansar! | Эркин! | erkin! |

| | | |
|---|---|---|
| façanha (f) | эрдик | erdik |
| juramento (m) | ант | ant |
| jurar (vi) | ант берүү | ant beryy |

| | | |
|---|---|---|
| condecoração (f) | сыйлык | sıjlık |
| condecorar (vt) | сыйлоо | sıjloo |
| medalha (f) | медаль | medalʲ |
| ordem (f) | орден | orden |

| | | |
|---|---|---|
| vitória (f) | жеңиш | dʒeŋiʃ |
| derrota (f) | жеңилүү | dʒeŋilyy |
| armistício (m) | жарашуу | dʒaraʃuu |

| | | |
|---|---|---|
| bandeira (f) | байрак | bajrak |
| glória (f) | даңк | daŋk |
| parada (f) | парад | parad |
| marchar (vi) | маршта басуу | marʃta basuu |

## 114. Armas

| | | |
|---|---|---|
| arma (f) | курал | kural |
| arma (f) de fogo | курал жарак | kural dʒarak |

| arma (f) branca | атылбас курал | atılbas kural |
| arma (f) química | химиялык курал | χimijalık kural |
| nuclear (adj) | ядерлүү | jaderlyy |
| arma (f) nuclear | ядерлүү курал | jaderlyy kural |

| bomba (f) | бомба | bomba |
| bomba (f) atômica | атом бомбасы | atom bombası |

| pistola (f) | тапанча | tapantʃa |
| rifle (m) | мылтык | mıltık |
| semi-automática (f) | автомат | avtomat |
| metralhadora (f) | пулемёт | pulemʲot |

| boca (f) | мылтыктын оозу | mıltıktın oozu |
| cano (m) | ствол | stvol |
| calibre (m) | калибр | kalibr |

| gatilho (m) | курок | kurok |
| mira (f) | кароолго алуу | karoolgo aluu |
| carregador (m) | магазин | magazin |
| coronha (f) | күндак | kyndak |

| granada (f) de mão | граната | granata |
| explosivo (m) | жарылуучу зат | dʒarıluutʃu zat |

| bala (f) | ок | ok |
| cartucho (m) | патрон | patron |
| carga (f) | дүрмөк | dyrmøk |
| munições (f pl) | ок-дары | ok-darı |

| bombardeiro (m) | бомбалоочу | bombalootʃu |
| avião (m) de caça | кыйраткыч учак | kıjratkıtʃ utʃak |
| helicóptero (m) | вертолёт | vertolʲot |

| canhão (m) antiaéreo | зенитка | zenitka |
| tanque (m) | танк | tank |
| canhão (de um tanque) | замбирек | zambirek |

| artilharia (f) | артиллерия | artillerija |
| canhão (m) | замбирек | zambirek |
| fazer a pontaria | мээлөө | meeløø |

| projétil (m) | снаряд | snarʲad |
| granada (f) de morteiro | мина | mina |
| morteiro (m) | миномёт | minomʲot |
| estilhaço (m) | сыныктар | sınıktar |

| submarino (m) | суу астында жүрүүчү кеме | suu astında dʒyryytʃy keme |

| torpedo (m) | торпеда | torpeda |
| míssil (m) | ракета | raketa |

| carregar (uma arma) | октоо | oktoo |
| disparar, atirar (vi) | атуу | atuu |
| apontar para … | мээлөө | meeløø |
| baioneta (f) | найза | najza |

| espada (f) | шпага | ʃpaga |
| sabre (m) | кылыч | kılıtʃ |
| lança (f) | найза | najza |
| arco (m) | жаа | dʒaa |
| flecha (f) | жебе | dʒebe |
| mosquete (m) | мушкет | muʃket |
| besta (f) | арбалет | arbalet |

## 115. Povos da antiguidade

| primitivo (adj) | алгачкы | algatʃkı |
| pré-histórico (adj) | тарыхтан илгери | tarıχtan ilgeri |
| antigo (adj) | байыркы | bajırkı |

| Idade (f) da Pedra | Таш доору | taʃ dooru |
| Idade (f) do Bronze | Коло доору | kolo dooru |
| Era (f) do Gelo | Муз доору | muz dooru |

| tribo (f) | уруу | uruu |
| canibal (m) | адам жегич | adam dʒegitʃ |
| caçador (m) | анчы | antʃı |
| caçar (vi) | анчылык кылуу | antʃılık kıluu |
| mamute (m) | мамонт | mamont |

| caverna (f) | үңкүр | yŋkyr |
| fogo (m) | от | ot |
| fogueira (f) | от | ot |
| pintura (f) rupestre | ташка чегерилген сүрөт | taʃka tʃegerilgen syrøt |

| ferramenta (f) | эмгек куралы | emgek kuralı |
| lança (f) | найза | najza |
| machado (m) de pedra | таш балта | taʃ balta |
| guerrear (vt) | согушуу | soguʃuu |
| domesticar (vt) | колго көндүрүү | kolgo køndyryy |

| ídolo (m) | бут | but |
| adorar, venerar (vt) | сыйынуу | sıjınuu |
| superstição (f) | жок нерсеге ишенүү | dʒok nersege iʃenyy |
| ritual (m) | ырым-жырым | ırım-dʒırım |

| evolução (f) | эволюция | evolʉtsija |
| desenvolvimento (m) | өнүгүү | ønygyy |

| extinção (f) | жок болуу | dʒok boluu |
| adaptar-se (vr) | ылайыкташуу | ılajıktaʃuu |

| arqueologia (f) | археология | arχeologija |
| arqueólogo (m) | археолог | arχeolog |
| arqueológico (adj) | археологиялык | arχeologijalık |

| escavação (sítio) | казуу жери | kazuu dʒeri |
| escavações (f pl) | казуу иштери | kazuu iʃteri |
| achado (m) | табылга | tabılga |
| fragmento (m) | фрагмент | fragment |

## 116. Idade média

| povo (m) | эл | el |
| povos (m pl) | элдер | elder |
| tribo (f) | уруу | uruu |
| tribos (f pl) | уруулар | uruular |

| bárbaros (pl) | варварлар | varvarlar |
| galeses (pl) | галлдар | galldar |
| godos (pl) | готтор | gottor |
| eslavos (pl) | славяндар | slavʲandar |
| viquingues (pl) | викингдер | vikingder |

| romanos (pl) | римдиктер | rimdikter |
| romano (adj) | римдик | rimdik |

| bizantinos (pl) | византиялыктар | vizantijalıktar |
| Bizâncio | Византия | vizantija |
| bizantino (adj) | византиялык | vizantijalık |

| imperador (m) | император | imperator |
| líder (m) | башчы | baʃʧı |
| poderoso (adj) | кудуреттүү | kudurettyy |
| rei (m) | король, падыша | korolʲ, padıʃa |
| governante (m) | башкаруучу | baʃkaruutʃu |

| cavaleiro (m) | рыцарь | rıtsarʲ |
| senhor feudal (m) | феодал | feodal |
| feudal (adj) | феодалдуу | feodalduu |
| vassalo (m) | вассал | vassal |

| duque (m) | герцог | gertsog |
| conde (m) | граф | graf |
| barão (m) | барон | baron |
| bispo (m) | епископ | episkop |

| armadura (f) | курал жана соот-шайман | kural dʒana soot-ʃajman |
| escudo (m) | калкан | kalkan |
| espada (f) | кылыч | kılıʧ |
| viseira (f) | туулганын бет калканы | tuulganın bet kalkanı |
| cota (f) de malha | зоот | zoot |

| cruzada (f) | крест астындагы черүү | krest astındagı ʧeryy |
| cruzado (m) | черүүгө чыгуучу | ʧeryygø ʧıguutʃu |

| território (m) | аймак | ajmak |
| atacar (vt) | кол салуу | kol saluu |
| conquistar (vt) | ээ болуу | ee boluu |
| ocupar, invadir (vt) | басып алуу | basıp aluu |

| assédio, sítio (m) | тегеректеп курчоо | tegerektep kurtʃoo |
| sitiado (adj) | курчалган | kurtʃalgan |
| assediar, sitiar (vt) | курчоого алуу | kurtʃoogo aluu |
| inquisição (f) | инквизиция | inkviziʦija |
| inquisidor (m) | инквизитор | inkvizitor |

| tortura (f) | кыйноо | kıjnoo |
| cruel (adj) | ырайымсыз | ırajımsız |
| herege (m) | еретик | eretik |
| heresia (f) | ересь | eresʲ |

| navegação (f) marítima | деңизде сүзүү | deŋizde syzyy |
| pirata (m) | деңиз каракчысы | deŋiz karakʧısı |
| pirataria (f) | деңиз каракчылыгы | deŋiz karakʧılıgı |
| abordagem (f) | абордаж | abordadʒ |
| presa (f), butim (m) | олжо | oldʒo |
| tesouros (m pl) | казына | kazına |

| descobrimento (m) | ачылыш | aʧılıʃ |
| descobrir (novas terras) | таап ачуу | taap aʧuu |
| expedição (f) | экспедиция | ekspediʦija |

| mosqueteiro (m) | мушкетёр | muʃketʲor |
| cardeal (m) | кардинал | kardinal |
| heráldica (f) | геральдика | geralʲdika |
| heráldico (adj) | гералдык | geraldık |

## 117. Líder. Chefe. Autoridades

| rei (m) | король, падыша | korolʲ, padıʃa |
| rainha (f) | ханыша | χanıʃa |
| real (adj) | падышалык | padıʃalık |
| reino (m) | падышалык | padıʃalık |

| príncipe (m) | канзаада | kanzaada |
| princesa (f) | ханбийке | χanbijke |

| presidente (m) | президент | prezident |
| vice-presidente (m) | вице-президент | viʦe-prezident |
| senador (m) | сенатор | senator |

| monarca (m) | монарх | monarχ |
| governante (m) | башкаруучу | baʃkaruuʧu |
| ditador (m) | диктатор | diktator |
| tirano (m) | зулум | zulum |
| magnata (m) | магнат | magnat |

| diretor (m) | директор | direktor |
| chefe (m) | башчы | baʃʧı |
| gerente (m) | башкаруучу | baʃkaruuʧu |
| patrão (m) | шеф | ʃef |
| dono (m) | кожоюн | kodʒodʒʉn |

| líder (m) | алдыңкы катардагы | aldıŋkı katardagı |
| chefe (m) | башчы | baʃʧı |
| autoridades (f pl) | бийликтер | bijlikter |
| superiores (m pl) | башчылар | baʃʧılar |

| governador (m) | губернатор | gubernator |
| cônsul (m) | консул | konsul |

| | | |
|---|---|---|
| diplomata (m) | дипломат | diplomat |
| Presidente (m) da Câmara | мэр | mer |
| xerife (m) | шериф | ʃerif |
| imperador (m) | император | imperator |
| czar (m) | падыша | padıʃa |
| faraó (m) | фараон | faraon |
| cã, khan (m) | хан | χan |

## 118. Violação da lei. Criminosos. Parte 1

| | | |
|---|---|---|
| bandido (m) | ууру-кески | uuru-keski |
| crime (m) | кылмыш | kılmıʃ |
| criminoso (m) | кылмышкер | kılmıʃker |
| ladrão (m) | ууру | uuru |
| roubar (vt) | уурдоо | uurdoo |
| roubo (atividade) | уруулук | uruuluk |
| furto (m) | уурдоо | uurdoo |
| raptar, sequestrar (vt) | ала качуу | ala katʃuu |
| sequestro (m) | ала качуу | ala katʃuu |
| sequestrador (m) | ала качуучу | ala katʃuutʃu |
| resgate (m) | кутказуу акчасы | kutkazuu aktʃası |
| pedir resgate | кутказуу акчага талап коюу | kutkazuu aktʃaga talap kojʉu |
| roubar (vt) | тоноо | tonoo |
| assalto, roubo (m) | тоноо | tonoo |
| assaltante (m) | тоноочу | tonootʃu |
| extorquir (vt) | опузалоо | opuzaloo |
| extorsionário (m) | опузалоочу | opuzalootʃu |
| extorsão (f) | опуза | opuza |
| matar, assassinar (vt) | өлтүрүү | øltyryy |
| homicídio (m) | өлтүрүү | øltyryy |
| homicida, assassino (m) | киши өлтүргүч | kiʃi øltyrgytʃ |
| tiro (m) | атылуу | atıluu |
| dar um tiro | атуу | atuu |
| matar a tiro | атып салуу | atıp saluu |
| disparar, atirar (vi) | атуу | atuu |
| tiroteio (m) | атышуу | atıʃuu |
| incidente (m) | окуя | okuja |
| briga (~ de rua) | уруш | uruʃ |
| Socorro! | Жардамга! | dʒardamga! |
| vítima (f) | жапа чеккен | dʒapa tʃekken |
| danificar (vt) | зыян келтирүү | zıjan keltiryy |
| dano (m) | залал | zalal |
| cadáver (m) | өлүк | ølyk |

| | | |
|---|---|---|
| grave (adj) | оор | oor |
| atacar (vt) | кол салуу | kol saluu |
| bater (espancar) | уруу | uruu |
| espancar (vt) | ур-токмокко алуу | ur-tokmokko aluu |
| tirar, roubar (dinheiro) | тартып алуу | tartıp aluu |
| esfaquear (vt) | союм өлтүрүү | sojup øltyryy |
| mutilar (vt) | майып кылуу | majıp kıluu |
| ferir (vt) | жарадар кылуу | dʒaradar kıluu |
| | | |
| chantagem (f) | шантаж кылуу | ʃantadʒ kıluu |
| chantagear (vt) | шантаждоо | ʃantadʒdoo |
| chantagista (m) | шантажист | ʃantadʒist |
| | | |
| extorsão (f) | рэкет | reket |
| extorsionário (m) | рэкетир | reketir |
| gângster (m) | гангстер | gangster |
| máfia (f) | мафия | mafija |
| | | |
| punguista (m) | чөнтөк ууру | tʃøntøk uuru |
| assaltante, ladrão (m) | бузуп алуучу ууру | buzup aluutʃu uuru |
| contrabando (m) | контрабанда | kontrabanda |
| contrabandista (m) | контрабандачы | kontrabandatʃı |
| | | |
| falsificação (f) | окшотуп жасоо | okʃotup dʒasoo |
| falsificar (vt) | жасалмалоо | dʒasalmaloo |
| falsificado (adj) | жасалма | dʒasalma |

## 119. Violação da lei. Criminosos. Parte 2

| | | |
|---|---|---|
| estupro (m) | зордуктоо | zorduktoo |
| estuprar (vt) | зордуктоо | zorduktoo |
| estuprador (m) | зордукчул | zorduktʃul |
| maníaco (m) | маньяк | manjak |
| | | |
| prostituta (f) | сойку | sojku |
| prostituição (f) | сойкучулук | sojkutʃuluk |
| cafetão (m) | жак бакты | dʒak baktı |
| | | |
| drogado (m) | баңги | baŋgi |
| traficante (m) | баңгизат сатуучу | baŋgizat satuutʃu |
| | | |
| explodir (vt) | жардыруу | dʒardıruu |
| explosão (f) | жарылуу | dʒarıluu |
| incendiar (vt) | өрттөө | ørttøø |
| incendiário (m) | өрттөөчү | ørttøøtʃy |
| | | |
| terrorismo (m) | терроризм | terrorizm |
| terrorista (m) | террорист | terrorist |
| refém (m) | заложник | zalodʒnik |
| | | |
| enganar (vt) | алдоо | aldoo |
| engano (m) | алдамчылык | aldamtʃılık |
| vigarista (m) | алдамчы | aldamtʃı |
| subornar (vt) | сатып алуу | satıp aluu |

| | | |
|---|---|---|
| suborno (atividade) | сатып алуу | satıp aluu |
| suborno (dinheiro) | пара | para |
| veneno (m) | уу | uu |
| envenenar (vt) | ууландыруу | uulandıruu |
| envenenar-se (vr) | ууулануу | uulanuu |
| suicídio (m) | жанын кыюу | dʒanın kıdʒuu |
| suicida (m) | жанын кыйгыч | dʒanın kıjgıtʃ |
| ameaçar (vt) | коркутуу | korkutuu |
| ameaça (f) | коркунуч | korkunutʃ |
| atentar contra a vida de ... | кол салуу | kol saluu |
| atentado (m) | кол салуу | kol saluu |
| roubar (um carro) | айдап кетүү | ajdap ketyy |
| sequestrar (um avião) | ала качуу | ala katʃuu |
| vingança (f) | кек | kek |
| vingar (vt) | өч алуу | øtʃ aluu |
| torturar (vt) | кыйноо | kıjnoo |
| tortura (f) | кыйноо | kıjnoo |
| atormentar (vt) | азапка салуу | azapka saluu |
| pirata (m) | деңиз каракчысы | deŋiz karaktʃısı |
| desordeiro (m) | бейбаш | bejbaʃ |
| armado (adj) | куралданган | kuraldangan |
| violência (f) | зордук | zorduk |
| ilegal (adj) | мыйзамдан тыш | mıjzamdan tıʃ |
| espionagem (f) | тыңчылык | tıŋtʃılık |
| espionar (vi) | тыңчылык кылуу | tıŋtʃılık kıluu |

## 120. Polícia. Lei. Parte 1

| | | |
|---|---|---|
| justiça (sistema de ~) | адилеттүү сот | adilettyy sot |
| tribunal (m) | сот | sot |
| juiz (m) | сот | sot |
| jurados (m pl) | сот калыстары | sot kalıstarı |
| tribunal (m) do júri | калыстар соту | sot |
| julgar (vt) | сотко тартуу | sotko tartuu |
| advogado (m) | жактоочу | dʒaktootʃu |
| réu (m) | сот жообуна тартылган киши | sot dʒoobuna tartılgan kiʃi |
| banco (m) dos réus | соттуулар отуруучу орун | sottuular oturuutʃu orun |
| acusação (f) | айыптоо | ajıptoo |
| acusado (m) | айыпталуучу | ajıptaluutʃu |
| sentença (f) | өкүм | økym |
| sentenciar (vt) | өкүм чыгаруу | økym tʃıgaruu |

| culpado (m) | күнөөкөр | kynøøkør |
| punir (vt) | жазалоо | dʒazaloo |
| punição (f) | жаза | dʒaza |

| multa (f) | айып | ajıp |
| prisão (f) perpétua | өмүр бою | ømyr bojʉ |
| pena (f) de morte | өлүм жазасы | ølym dʒazası |
| cadeira (f) elétrica | электр столу | elektr stolu |
| forca (f) | дарга | darga |

| executar (vt) | өлүм жазасын аткаруу | ølym dʒazasın atkaruu |
| execução (f) | өлүм жазасын аткаруу | ølym dʒazasın atkaruu |

| prisão (f) | түрмө | tyrmø |
| cela (f) de prisão | камера | kamera |

| escolta (f) | конвой | konvoj |
| guarda (m) prisional | түрмө сакчысы | tyrmø saktʃısı |
| preso, prisioneiro (m) | камактагы адам | kamaktagı adam |

| algemas (f pl) | кишен | kiʃen |
| algemar (vt) | кишен кийгизүү | kiʃen kijgizyy |

| fuga, evasão (f) | качуу | katʃuu |
| fugir (vi) | качуу | katʃuu |
| desaparecer (vi) | жоголуп кетүү | dʒogolup ketyy |
| soltar, libertar (vt) | бошотуу | boʃotuu |
| anistia (f) | амнистия | amnistija |

| polícia (instituição) | полиция | politsija |
| polícia (m) | полиция кызматкери | politsija kızmatkeri |
| delegacia (f) de polícia | полиция бөлүмү | politsija bølymy |
| cassetete (m) | резина союлчасы | rezina sojʉltʃası |
| megafone (m) | керней | kernej |

| carro (m) de patrulha | жол күзөт машинасы | dʒol kyzøt maʃinası |
| sirene (f) | сирена | sirena |
| ligar a sirene | сир

ераны басуу | sirenanı basuu |
| toque (m) da sirene | сиренанын боздошу | sirenanın bozdoʃu |

| cena (f) do crime | кылмыш болгон жер | kılmıʃ bolgon dʒer |
| testemunha (f) | күбө | kybø |
| liberdade (f) | эркиндик | erkindik |
| cúmplice (m) | шерик | ʃerik |
| escapar (vi) | из жашыруу | iz dʒaʃiruu |
| traço (não deixar ~s) | из | iz |

## 121. Polícia. Lei. Parte 2

| procura (f) | издөө | izdøø |
| procurar (vt) | ... издөө | ... izdøø |
| suspeita (f) | шек | ʃek |
| suspeito (adj) | шектүү | ʃektyy |
| parar (veículo, etc.) | токтотуу | toktotuu |

| deter (fazer parar) | кармоо | karmoo |
| caso (~ criminal) | иш | iʃ |
| investigação (f) | териштирүү | teriʃtiryy |
| detetive (m) | аңдуучу | aŋduutʃu |
| investigador (m) | тергөөчү | tergøøtʃy |
| versão (f) | жоромол | dʒoromol |

| motivo (m) | себеп | sebep |
| interrogatório (m) | сурак | surak |
| interrogar (vt) | суракка алуу | surakka aluu |
| questionar (vt) | сураштыруу | suraʃtıruu |
| verificação (f) | текшерүү | tekʃeryy |

| batida (f) policial | тегеректөө | tegerektøø |
| busca (f) | тинтүү | tintyy |
| perseguição (f) | куу | kuu |
| perseguir (vt) | изине түшүү | izine tyʃyy |
| seguir, rastrear (vt) | изине түшүү | izine tyʃyy |

| prisão (f) | камак | kamak |
| prender (vt) | камакка алуу | kamakka aluu |
| pegar, capturar (vt) | кармоо | karmoo |
| captura (f) | колго түшүрүү | kolgo tyʃyryy |

| documento (m) | документ | dokument |
| prova (f) | далил | dalil |
| provar (vt) | далилдөө | dalildøø |
| pegada (f) | из | iz |
| impressões (f pl) digitais | манжанын изи | mandʒanın izi |
| prova (f) | далил | dalil |

| álibi (m) | алиби | alibi |
| inocente (adj) | бейкүнөө | bejkynøø |
| injustiça (f) | адилетсиздик | adiletsizdik |
| injusto (adj) | адилетсиз | adiletsiz |

| criminal (adj) | кылмыштуу | kılmıʃtuu |
| confiscar (vt) | тартып алуу | tartıp aluu |
| droga (f) | баңгизат | baŋgizat |
| arma (f) | курал | kural |
| desarmar (vt) | куралсыздандыруу | kuralsızdandıruu |
| ordenar (vt) | буйрук берүү | bujruk beryy |
| desaparecer (vi) | жоголуп кетүү | dʒogolup ketyy |

| lei (f) | мыйзам | mıjzam |
| legal (adj) | мыйзамдуу | mıjzamduu |
| ilegal (adj) | мыйзамдан тыш | mıjzamdan tıʃ |

| responsabilidade (f) | жоопкерчилик | dʒoopkertʃilik |
| responsável (adj) | жоопкерчиликтүү | dʒoopkertʃiliktyy |

# NATUREZA

## A Terra. Parte 1

### 122. Espaço sideral

| espaço, cosmo (m) | космос | kosmos |
| espacial, cósmico (adj) | космос | kosmos |
| espaço (m) cósmico | космос мейкиндиги | kosmos mejkindigi |
| mundo (m) | дүйнө | dyjnø |
| universo (m) | аалам | aalam |
| galáxia (f) | галактика | galaktika |
| estrela (f) | жылдыз | dʒıldız |
| constelação (f) | жылдыздар | dʒıldızdar |
| planeta (m) | планета | planeta |
| satélite (m) | жолдош | dʒoldoʃ |
| meteorito (m) | метеорит | meteorit |
| cometa (m) | комета | kometa |
| asteroide (m) | астероид | asteroid |
| órbita (f) | орбита | orbita |
| girar (vi) | айлануу | ajlanuu |
| atmosfera (f) | атмосфера | atmosfera |
| Sol (m) | күн | kyn |
| Sistema (m) Solar | күн системасы | kyn sistemasɪ |
| eclipse (m) solar | күндүн тутулушу | kyndyn tutuluʃu |
| Terra (f) | Жер | dʒer |
| Lua (f) | Ай | aj |
| Marte (m) | Марс | mars |
| Vênus (f) | Венера | venera |
| Júpiter (m) | Юпитер | jupiter |
| Saturno (m) | Сатурн | saturn |
| Mercúrio (m) | Меркурий | merkurij |
| Urano (m) | Уран | uran |
| Netuno (m) | Нептун | neptun |
| Plutão (m) | Плутон | pluton |
| Via Láctea (f) | Саманчынын жолу | samantʃɪnɪn dʒolu |
| Ursa Maior (f) | Чоң Жетиген | tʃoŋ dʒetigen |
| Estrela Polar (f) | Полярдык Жылдыз | polʲardɪk dʒıldız |
| marciano (m) | марсианин | marsianin |
| extraterrestre (m) | инопланетянин | inoplanetʲanin |

| | | |
|---|---|---|
| alienígena (m) | келгин | kelgin |
| disco (m) voador | учуучу табак | utʃuutʃu tabak |
| | | |
| espaçonave (f) | космос кемеси | kosmos kemesi |
| estação (f) orbital | орбитадагы станция | orbitadagı stantsija |
| lançamento (m) | старт | start |
| | | |
| motor (m) | кыймылдаткыч | kıjmıldatkıtʃ |
| bocal (m) | сопло | soplo |
| combustível (m) | күйүүчү май | kyjyytʃy may |
| | | |
| cabine (f) | кабина | kabina |
| antena (f) | антенна | antenna |
| vigia (f) | иллюминатор | illuminator |
| bateria (f) solar | күн батареясы | kyn batarejası |
| traje (m) espacial | скафандр | skafandr |
| | | |
| imponderabilidade (f) | салмаксыздык | salmaksızdık |
| oxigênio (m) | кислород | kislorod |
| | | |
| acoplagem (f) | жалгаштыруу | dʒalgaʃtıruu |
| fazer uma acoplagem | жалгаштыруу | dʒalgaʃtıruu |
| | | |
| observatório (m) | обсерватория | observatorija |
| telescópio (m) | телескоп | teleskop |
| observar (vt) | байкоо | bajkoo |
| explorar (vt) | изилдөө | izildøø |

## 123. A Terra

| | | |
|---|---|---|
| Terra (f) | Жер | dʒer |
| globo terrestre (Terra) | жер шары | dʒer ʃarı |
| planeta (m) | планета | planeta |
| | | |
| atmosfera (f) | атмосфера | atmosfera |
| geografia (f) | география | geografija |
| natureza (f) | табийгат | tabijgat |
| | | |
| globo (mapa esférico) | глобус | globus |
| mapa (m) | карта | karta |
| atlas (m) | атлас | atlas |
| | | |
| Europa (f) | Европа | evropa |
| Ásia (f) | Азия | azija |
| | | |
| África (f) | Африка | afrika |
| Austrália (f) | Австралия | avstralija |
| | | |
| América (f) | Америка | amerika |
| América (f) do Norte | Северная Америка | severnaja amerika |
| América (f) do Sul | Южная Америка | judʒnaja amerika |
| | | |
| Antártida (f) | Антарктида | antarktida |
| Ártico (m) | Арктика | arktika |

## 124. Pontos cardeais

| | | |
|---|---|---|
| norte (m) | түндүк | tyndyk |
| para norte | түндүккө | tyndykkø |
| no norte | түндүктө | tyndyktø |
| do norte (adj) | түндүк | tyndyk |
| sul (m) | түштүк | tyʃtyk |
| para sul | түштүккө | tyʃtykkø |
| no sul | түштүктө | tyʃtyktø |
| do sul (adj) | түштүк | tyʃtyk |
| oeste, ocidente (m) | батыш | batıʃ |
| para oeste | батышка | batıʃka |
| no oeste | батышта | batıʃta |
| ocidental (adj) | батыш | batıʃ |
| leste, oriente (m) | чыгыш | ʧɩgɩʃ |
| para leste | чыгышка | ʧɩgɩʃka |
| no leste | чыгышта | ʧɩgɩʃta |
| oriental (adj) | чыгыш | ʧɩgɩʃ |

## 125. Mar. Oceano

| | | |
|---|---|---|
| mar (m) | деңиз | deŋiz |
| oceano (m) | мухит | muχit |
| golfo (m) | булуң | buluŋ |
| estreito (m) | кысык | kısık |
| terra (f) firme | жер | dʒer |
| continente (m) | материк | materik |
| ilha (f) | арал | aral |
| península (f) | жарым арал | dʒarım aral |
| arquipélago (m) | архипелаг | arχipelag |
| baía (f) | булуң | buluŋ |
| porto (m) | гавань | gavanʲ |
| lagoa (f) | лагуна | laguna |
| cabo (m) | тумшук | tumʃuk |
| atol (m) | атолл | atoll |
| recife (m) | риф | rif |
| coral (m) | маржан | mardʒan |
| recife (m) de coral | маржан рифи | mardʒan rifi |
| profundo (adj) | терең | tereŋ |
| profundidade (f) | тереңдик | tereŋdik |
| abismo (m) | түбү жок | tyby dʒok |
| fossa (f) oceânica | ойдуң | ojduŋ |
| corrente (f) | агым | agım |
| banhar (vt) | курчап туруу | kurʧap turuu |

| | | |
|---|---|---|
| litoral (m) | жээк | dʒeek |
| costa (f) | жээк | dʒeek |
| | | |
| maré (f) alta | суунун көтөрүлүшү | suunun køtørylyʃy |
| refluxo (m) | суунун тартылуусу | suunun tartıluusu |
| restinga (f) | тайыздык | tajızdık |
| fundo (m) | суунун түбү | suunun tyby |
| | | |
| onda (f) | толкун | tolkun |
| crista (f) da onda | толкундун кыры | tolkundun kırı |
| espuma (f) | көбүк | købyk |
| | | |
| tempestade (f) | бороон чапкын | boroon ʧapkın |
| furacão (m) | бороон | boroon |
| tsunami (m) | цунами | tsunami |
| calmaria (f) | штиль | ʃtilʲ |
| calmo (adj) | тынч | tınʧ |
| | | |
| polo (m) | уюл | ujʉl |
| polar (adj) | полярдык | polʲardık |
| | | |
| latitude (f) | кеңдик | keŋdik |
| longitude (f) | узундук | uzunduk |
| paralela (f) | параллель | parallelʲ |
| equador (m) | экватор | ekvator |
| | | |
| céu (m) | асман | asman |
| horizonte (m) | горизонт | gorizont |
| ar (m) | аба | aba |
| | | |
| farol (m) | маяк | majak |
| mergulhar (vi) | сүңгүү | syŋgyy |
| afundar-se (vr) | чөгүп кетүү | ʧøgyp ketyy |
| tesouros (m pl) | казына | kazına |

## 126. Nomes de Mares e Oceanos

| | | |
|---|---|---|
| Oceano (m) Atlântico | Атлантика мухити | atlantika muχiti |
| Oceano (m) Índico | Индия мухити | indija muχiti |
| Oceano (m) Pacífico | Тынч мухити | tınʧ muχiti |
| Oceano (m) Ártico | Түндүк Муз мухити | tyndyk muz muχiti |
| | | |
| Mar (m) Negro | Кара деңиз | kara deŋiz |
| Mar (m) Vermelho | Кызыл деңиз | kızıl deŋiz |
| Mar (m) Amarelo | Сары деңиз | sarı deŋiz |
| Mar (m) Branco | Ак деңиз | ak deŋiz |
| | | |
| Mar (m) Cáspio | Каспий деңизи | kaspij deŋizi |
| Mar (m) Morto | Өлүк деңиз | ølyk deŋiz |
| Mar (m) Mediterrâneo | Жер Ортолук деңиз | dʒer ortoluk deŋiz |
| | | |
| Mar (m) Egeu | Эгей деңизи | egej deŋizi |
| Mar (m) Adriático | Адриатика деңизи | adriatika deŋizi |
| Mar (m) Arábico | Аравия деңизи | aravija deŋizi |

| Mar (m) do Japão | Япон деңизи | japon deŋizi |
| Mar (m) de Bering | Беринг деңизи | bering deŋizi |
| Mar (m) da China Meridional | Түштүк-Кытай деңизи | tyʃtyk-kıtaj deŋizi |

| Mar (m) de Coral | Маржан деңизи | mardʒan deŋizi |
| Mar (m) de Tasman | Тасман деңизи | tasman deŋizi |
| Mar (m) do Caribe | Кариб деңизи | karib deŋizi |

| Mar (m) de Barents | Баренц деңизи | barents deŋizi |
| Mar (m) de Kara | Карск деңизи | karsk deŋizi |

| Mar (m) do Norte | Түндүк деңиз | tyndyk deŋiz |
| Mar (m) Báltico | Балтика деңизи | baltika deŋizi |
| Mar (m) da Noruega | Норвегиялык деңизи | norvegijalık deŋizi |

## 127. Montanhas

| montanha (f) | тоо | too |
| cordilheira (f) | тоо тизмеги | too tizmegi |
| serra (f) | тоо кыркалары | too kırkaları |

| cume (m) | чоку | tʃoku |
| pico (m) | чоку | tʃoku |
| pé (m) | тоо этеги | too etegi |
| declive (m) | эңкейиш | eŋkejiʃ |

| vulcão (m) | вулкан | vulkan |
| vulcão (m) ativo | күйүп жаткан | kyjyp dʒatkan |
| vulcão (m) extinto | өчүп калган вулкан | øtʃyp kalgan vulkan |

| erupção (f) | атырылып чыгуу | atırılıp tʃıguu |
| cratera (f) | кратер | krater |
| magma (m) | магма | magma |
| lava (f) | лава | lava |
| fundido (lava ~a) | кызыган | kızıgan |

| cânion, desfiladeiro (m) | каньон | kanⁱon |
| garganta (f) | капчыгай | kaptʃıgaj |
| fenda (f) | жарака | dʒaraka |
| precipício (m) | жар | dʒar |

| passo, colo (m) | ашуу | aʃuu |
| planalto (m) | деңсөө | døŋsøø |
| falésia (f) | зоока | zooka |
| colina (f) | дөбө | døbø |

| geleira (f) | муз | muz |
| cachoeira (f) | шаркыратма | ʃarkıratma |
| gêiser (m) | гейзер | gejzer |
| lago (m) | көл | køl |

| planície (f) | түздүк | tyzdyk |
| paisagem (f) | теребел | terebel |
| eco (m) | жаңырык | dʒaŋırık |

| | | |
|---|---|---|
| alpinista (m) | альпинист | alʲpinist |
| escalador (m) | скалолаз | skalolaz |
| conquistar (vt) | багындыруу | bagındıruu |
| subida, escalada (f) | тоонун чокусуна чыгуу | toonun ʧokusuna ʧıguu |

## 128. Nomes de montanhas

| | | |
|---|---|---|
| Alpes (m pl) | Альп тоолору | alʲp tooloru |
| Monte Branco (m) | Монблан | monblan |
| Pirineus (m pl) | Пиреней тоолору | pirenej tooloru |
| | | |
| Cárpatos (m pl) | Карпат тоолору | karpat tooloru |
| Urais (m pl) | Урал тоолору | ural tooloru |
| Cáucaso (m) | Кавказ тоолору | kavkaz tooloru |
| Elbrus (m) | Эльбрус | elʲbrus |
| | | |
| Altai (m) | Алтай тоолору | altaj tooloru |
| Tian Shan (m) | Тянь-Шань | tjanʲ-ʃanʲ |
| Pamir (m) | Памир тоолору | pamir tooloru |
| Himalaia (m) | Гималай тоолору | gimalaj tooloru |
| monte Everest (m) | Эверест | everest |
| | | |
| Cordilheira (f) dos Andes | Анд тоолору | and tooloru |
| Kilimanjaro (m) | Килиманджаро | kilimandʒaro |

## 129. Rios

| | | |
|---|---|---|
| rio (m) | дарыя | darıja |
| fonte, nascente (f) | булак | bulak |
| leito (m) de rio | сай | saj |
| bacia (f) | бассейн | bassejn |
| desaguar no ... | ... кую́у | ... kujʉu |
| | | |
| afluente (m) | куйма | kujma |
| margem (do rio) | жээк | dʒeek |
| | | |
| corrente (f) | агым | agım |
| rio abaixo | агым боюнча | agım bojʉnʧa |
| rio acima | агымга каршы | agımga karʃı |
| | | |
| inundação (f) | ташкын | taʃkın |
| cheia (f) | суу ташкыны | suu taʃkını |
| transbordar (vi) | дайранын ташышы | dajranın taʃıʃı |
| inundar (vt) | суу каптоо | suu kaptoo |
| | | |
| banco (m) de areia | тайыздык | tajızdık |
| corredeira (f) | босого | bosogo |
| | | |
| barragem (f) | тогоон | togoon |
| canal (m) | канал | kanal |
| reservatório (m) de água | суу сактагыч | suu saktagıʧ |
| eclusa (f) | шлюз | ʃlʉz |

| | | |
|---|---|---|
| corpo (m) de água | көлмө | kølmø |
| pântano (m) | саз | saz |
| lamaçal (m) | баткак | batkak |
| redemoinho (m) | айлампа | ajlampa |
| riacho (m) | суу | suu |
| potável (adj) | ичилчу суу | itʃiltʃy suu |
| doce (água) | тузсуз | tuzsuz |
| gelo (m) | муз | muz |
| congelar-se (vr) | тоңуп калуу | toŋup kaluu |

## 130. Nomes de rios

| | | |
|---|---|---|
| rio Sena (m) | Сена | sena |
| rio Loire (m) | Луара | luara |
| rio Tâmisa (m) | Темза | temza |
| rio Reno (m) | Рейн | rejn |
| rio Danúbio (m) | Дунай | dunaj |
| rio Volga (m) | Волга | volga |
| rio Don (m) | Дон | don |
| rio Lena (m) | Лена | lena |
| rio Amarelo (m) | Хуанхэ | χuanχe |
| rio Yangtzé (m) | Янцзы | jantszɪ |
| rio Mekong (m) | Меконг | mekong |
| rio Ganges (m) | Ганг | gang |
| rio Nilo (m) | Нил | nil |
| rio Congo (m) | Конго | kongo |
| rio Cubango (m) | Окаванго | okavango |
| rio Zambeze (m) | Замбези | zambezi |
| rio Limpopo (m) | Лимпопо | limpopo |
| rio Mississippi (m) | Миссисипи | missisipi |

## 131. Floresta

| | | |
|---|---|---|
| floresta (f), bosque (m) | токой | tokoj |
| florestal (adj) | токойлуу | tokojluu |
| mata (f) fechada | чытырман токой | tʃɪtɪrman tokoj |
| arvoredo (m) | токойчо | tokojtʃo |
| clareira (f) | аянт | ajant |
| matagal (m) | бадал | badal |
| mato (m), caatinga (f) | бадал | badal |
| pequena trilha (f) | чыйыр жол | tʃɪjɪr dʒol |
| ravina (f) | жар | dʒar |
| árvore (f) | дарак | darak |

| | | |
|---|---|---|
| folha (f) | жалбырак | ʤalbırak |
| folhagem (f) | жалбырак | ʤalbırak |
| queda (f) das folhas | жалбырак түшүү мезгили | ʤalbırak tyʃyy mezgili |
| cair (vi) | түшүү | tyʃyy |
| topo (m) | чоку | ʧoku |
| ramo (m) | бутак | butak |
| galho (m) | бутак | butak |
| botão (m) | бүчүр | byʧyr |
| agulha (f) | ийне | ijne |
| pinha (f) | тобурчак | toburʧak |
| buraco (m) de árvore | көңдөй | køŋdøj |
| ninho (m) | уя | uja |
| toca (f) | ийин | ijin |
| tronco (m) | сөңгөк | søŋgøk |
| raiz (f) | тамыр | tamır |
| casca (f) de árvore | кыртыш | kırtıʃ |
| musgo (m) | мох | moχ |
| arrancar pela raiz | дүмүрүн казуу | dymyryn kazuu |
| cortar (vt) | кыюу | kıjuu |
| desflorestar (vt) | токойду кыюу | tokojdu kıjuu |
| toco, cepo (m) | дүмүр | dymyr |
| fogueira (f) | от | ot |
| incêndio (m) florestal | өрт | ørt |
| apagar (vt) | өчүрүү | øʧyryy |
| guarda-parque (m) | токойчу | tokojʧu |
| proteção (f) | өсүмдүктөрдү коргоо | øsymdyktørdy korgoo |
| proteger (a natureza) | сактоо | saktoo |
| caçador (m) furtivo | браконьер | brakonjer |
| armadilha (f) | капкан | kapkan |
| colher (cogumelos) | терүү | teryy |
| colher (bagas) | терүү | teryy |
| perder-se (vr) | адашып кетүү | adaʃıp ketyy |

## 132. Recursos naturais

| | | |
|---|---|---|
| recursos (m pl) naturais | жаратылыш байлыктары | ʤaratılıʃ bajlıktarı |
| minerais (m pl) | пайдалуу кендер | pajdaluu kender |
| depósitos (m pl) | кен | ken |
| jazida (f) | кендүү жер | kendyy ʤer |
| extrair (vt) | казуу | kazuu |
| extração (f) | казуу | kazuu |
| minério (m) | кен | ken |
| mina (f) | шахта | ʃaχta |
| poço (m) de mina | шахта | ʃaχta |
| mineiro (m) | кенчи | kenʧi |

| | | |
|---|---|---|
| gás (m) | газ | gaz |
| gasoduto (m) | газопровод | gazoprovod |
| | | |
| petróleo (m) | мунайзат | munajzat |
| oleoduto (m) | мунайзар түтүгү | munajzar tytygy |
| poço (m) de petróleo | мунайзат скважинасы | munajzat skvadʒinası |
| torre (f) petrolífera | мунайзат мунарасы | munajzat munarası |
| petroleiro (m) | танкер | tanker |
| | | |
| areia (f) | кум | kum |
| calcário (m) | акиташ | akitaʃ |
| cascalho (m) | шагыл | ʃagıl |
| turfa (f) | торф | torf |
| argila (f) | ылай | ılaj |
| carvão (m) | көмүр | kømyr |
| | | |
| ferro (m) | темир | temir |
| ouro (m) | алтын | altın |
| prata (f) | күмүш | kymyʃ |
| níquel (m) | никель | nikelʲ |
| cobre (m) | жез | dʒez |
| | | |
| zinco (m) | цинк | ʦınk |
| manganês (m) | марганец | marganeʦ |
| mercúrio (m) | сымап | sımap |
| chumbo (m) | коргошун | korgoʃun |
| | | |
| mineral (m) | минерал | mineral |
| cristal (m) | кристалл | kristall |
| mármore (m) | мрамор | mramor |
| urânio (m) | уран | uran |

# A Terra. Parte 2

## 133. Tempo

| | | |
|---|---|---|
| tempo (m) | аба-ырайы | aba-ırajı |
| previsão (f) do tempo | аба-ырайы боюнча маалымат | aba-ırajı bojʉntʃa maalımat |
| temperatura (f) | температура | temperatura |
| termômetro (m) | термометр | termometr |
| barômetro (m) | барометр | barometr |
| úmido (adj) | нымдуу | nımduu |
| umidade (f) | ным | nım |
| calor (m) | ысык | ısık |
| tórrido (adj) | кыйын ысык | kıjın ısık |
| está muito calor | ысык | ısık |
| está calor | жылуу | dʒıluu |
| quente (morno) | жылуу | dʒıluu |
| está frio | суук | suuk |
| frio (adj) | суук | suuk |
| sol (m) | күн | kyn |
| brilhar (vi) | күн тийүү | kyn tijyy |
| de sol, ensolarado | күн ачык | kyn atʃık |
| nascer (vi) | чыгуу | tʃıguu |
| pôr-se (vr) | батуу | batuu |
| nuvem (f) | булут | bulut |
| nublado (adj) | булуттуу | buluttuu |
| nuvem (f) preta | булут | bulut |
| escuro, cinzento (adj) | күн бүркөк | kyn byrkøk |
| chuva (f) | жамгыр | dʒamgır |
| está a chover | жамгыр жаап жатат | dʒamgır dʒaap dʒatat |
| chuvoso (adj) | жаандуу | dʒaanduu |
| chuviscar (vi) | дыбыратуу | dıbıratuu |
| chuva (f) torrencial | нөшөрлөгөн жаан | nøʃørløgøn dʒaan |
| aguaceiro (m) | нөшөр | nøʃør |
| forte (chuva, etc.) | катуу | katuu |
| poça (f) | көлчүк | køltʃyk |
| molhar-se (vr) | суу болуу | suu boluu |
| nevoeiro (m) | туман | tuman |
| de nevoeiro | тумандуу | tumanduu |
| neve (f) | кар | kar |
| está nevando | кар жаап жатат | kar dʒaap dʒatat |

## 134. Tempo extremo. Catástrofes naturais

| | | |
|---|---|---|
| trovoada (f) | чагылгандуу жаан | tʃagılganduu dʒaan |
| relâmpago (m) | чагылган | tʃagılgan |
| relampejar (vi) | жарк этүү | dʒark etyy |
| | | |
| trovão (m) | күн күркүрөө | kyn kyrkyrøø |
| trovejar (vi) | күн күркүрөө | kyn kyrkyrøø |
| está trovejando | күн күркүрөп жатат | kyn kyrkyrøp dʒatat |
| | | |
| granizo (m) | мөндүр | møndyr |
| está caindo granizo | мөндүр түшүп жатат | møndyr tyʃyp dʒatat |
| | | |
| inundar (vt) | суу каптоо | suu kaptoo |
| inundação (f) | ташкын | taʃkın |
| | | |
| terremoto (m) | жер титирөө | dʒer titirøø |
| abalo, tremor (m) | жердин силкиниши | dʒerdin silkiniʃi |
| epicentro (m) | эпицентр | epitsentr |
| | | |
| erupção (f) | атырылып чыгуу | atırılıp tʃıguu |
| lava (f) | лава | lava |
| | | |
| tornado (m) | куюн | kujʉn |
| tornado (m) | торнадо | tornado |
| tufão (m) | тайфун | tajfun |
| | | |
| furacão (m) | бороон | boroon |
| tempestade (f) | бороон чапкын | boroon tʃapkın |
| tsunami (m) | цунами | tsunami |
| | | |
| ciclone (m) | циклон | tsıklon |
| mau tempo (m) | жаан-чачындуу күн | dʒaan-tʃatʃınduu kyn |
| incêndio (m) | өрт | ørt |
| catástrofe (f) | кыйроо | kıjroo |
| meteorito (m) | метеорит | meteorit |
| | | |
| avalanche (f) | көчкү | køtʃky |
| deslizamento (m) de neve | кар көчкүсү | kar køtʃkysy |
| nevasca (f) | кар бороону | kar boroonu |
| tempestade (f) de neve | бурганак | burganak |

# Fauna

## 135. Mamíferos. Predadores

| | | |
|---|---|---|
| predador (m) | жырткыч | dʒɪrtkɪtʃ |
| tigre (m) | жолборс | dʒolbors |
| leão (m) | арстан | arstan |
| lobo (m) | карышкыр | karɪʃkɪr |
| raposa (f) | түлкү | tylky |
| jaguar (m) | ягуар | jaguar |
| leopardo (m) | леопард | leopard |
| chita (f) | гепард | gepard |
| pantera (f) | пантера | pantera |
| puma (m) | пума | puma |
| leopardo-das-neves (m) | илбирс | ilbirs |
| lince (m) | сүлөөсүн | syløøsyn |
| coiote (m) | койот | kojot |
| chacal (m) | чөө | tʃøø |
| hiena (f) | гиена | giena |

## 136. Animais selvagens

| | | |
|---|---|---|
| animal (m) | жаныбар | dʒanɪbar |
| besta (f) | жапайы жаныбар | dʒapajɪ dʒanɪbar |
| esquilo (m) | тыйын чычкан | tɪjɪn tʃɪtʃkan |
| ouriço (m) | кирпичечен | kirpitʃetʃen |
| lebre (f) | коен | koen |
| coelho (m) | коен | koen |
| texugo (m) | кашкулак | kaʃkulak |
| guaxinim (m) | енот | enot |
| hamster (m) | хомяк | χomʲak |
| marmota (f) | суур | suur |
| toupeira (f) | момолой | momoloj |
| rato (m) | чычкан | tʃɪtʃkan |
| ratazana (f) | келемиш | kelemiʃ |
| morcego (m) | жарганат | dʒarganat |
| arminho (m) | арс чычкан | ars tʃɪtʃkan |
| zibelina (f) | киш | kiʃ |
| marta (f) | суусар | suusar |
| doninha (f) | ласка | laska |
| visom (m) | норка | norka |

| | | |
|---|---|---|
| castor (m) | кемчет | kemtʃet |
| lontra (f) | кундуз | kunduz |
| | | |
| cavalo (m) | жылкы | dʒɪlkɪ |
| alce (m) | багыш | bagɪʃ |
| veado (m) | бугу | bugu |
| camelo (m) | төө | tøø |
| | | |
| bisão (m) | бизон | bizon |
| auroque (m) | зубр | zubr |
| búfalo (m) | буйвол | bujvol |
| | | |
| zebra (f) | зебра | zebra |
| antílope (m) | антилопа | antilopa |
| corça (f) | элик | elik |
| gamo (m) | лань | lanʲ |
| camurça (f) | жейрен | dʒejren |
| javali (m) | каман | kaman |
| | | |
| baleia (f) | кит | kit |
| foca (f) | тюлень | tʉlenʲ |
| morsa (f) | морж | mordʒ |
| urso-marinho (m) | деңиз мышыгы | deɲiz mɪʃɪgɪ |
| golfinho (m) | дельфин | delʲfin |
| | | |
| urso (m) | аюу | ajʉu |
| urso (m) polar | ак аюу | ak ajʉu |
| panda (m) | панда | panda |
| | | |
| macaco (m) | маймыл | majmɪl |
| chimpanzé (m) | шимпанзе | ʃimpanze |
| orangotango (m) | орангутанг | orangutang |
| gorila (m) | горилла | gorilla |
| macaco (m) | макака | makaka |
| gibão (m) | гиббон | gibbon |
| | | |
| elefante (m) | пил | pil |
| rinoceronte (m) | керик | kerik |
| girafa (f) | жираф | dʒiraf |
| hipopótamo (m) | бегемот | begemot |
| | | |
| canguru (m) | кенгуру | kenguru |
| coala (m) | коала | koala |
| | | |
| mangusto (m) | мангуст | mangust |
| chinchila (f) | шиншилла | ʃinʃilla |
| cangambá (f) | скунс | skuns |
| porco-espinho (m) | чүткөр | tʃytkør |

## 137. Animais domésticos

| | | |
|---|---|---|
| gata (f) | ургаачы мышык | urgaatʃɪ mɪʃɪk |
| gato (m) macho | эркек мышык | erkek mɪʃɪk |
| cão (m) | ит | it |

| | | |
|---|---|---|
| cavalo (m) | жылкы | dʒılkı |
| garanhão (m) | айгыр | ajgır |
| égua (f) | бээ | bee |
| | | |
| vaca (f) | уй | uj |
| touro (m) | бука | buka |
| boi (m) | өгүз | øgyz |
| | | |
| ovelha (f) | кой | koj |
| carneiro (m) | кочкор | kotʃkor |
| cabra (f) | эчки | etʃki |
| bode (m) | теке | teke |
| | | |
| burro (m) | эшек | eʃek |
| mula (f) | качыр | katʃır |
| | | |
| porco (m) | чочко | tʃotʃko |
| leitão (m) | торопой | toropoj |
| coelho (m) | коён | koen |
| | | |
| galinha (f) | тоок | took |
| galo (m) | короз | koroz |
| | | |
| pata (f), pato (m) | өрдөк | ørdøk |
| pato (m) | эркек өрдөк | erkek ørdøk |
| ganso (m) | каз | kaz |
| | | |
| peru (m) | күрп | kyrp |
| perua (f) | ургаачы күрп | urgaatʃı kyrp |
| | | |
| animais (m pl) domésticos | үй жаныбарлары | yj dʒanıbarları |
| domesticado (adj) | колго үйрөтүлгөн | kolgo yjrøtylgøn |
| domesticar (vt) | колго үйрөтүү | kolgo yjrøtyy |
| criar (vt) | өстүрүү | østyryy |
| | | |
| fazenda (f) | ферма | ferma |
| aves (f pl) domésticas | үй канаттулары | yj kanattuları |
| gado (m) | мал | mal |
| rebanho (m), manada (f) | бада | bada |
| | | |
| estábulo (m) | аткана | atkana |
| chiqueiro (m) | чочкокана | tʃotʃkokana |
| estábulo (m) | уйкана | ujkana |
| coelheira (f) | коёнкана | koenkana |
| galinheiro (m) | тоокана | tookana |

## 138. Pássaros

| | | |
|---|---|---|
| pássaro (m), ave (f) | куш | kuʃ |
| pombo (m) | көгүчкөн | køgytʃkøn |
| pardal (m) | таранчы | tarantʃı |
| chapim-real (m) | синица | sinitsa |
| pega-rabuda (f) | сагызган | sagızgan |
| corvo (m) | кузгун | kuzgun |

| | | |
|---|---|---|
| gralha-cinzenta (f) | карга | karga |
| gralha-de-nuca-cinzenta (f) | таан | taan |
| gralha-calva (f) | чаркарга | ʧarkarga |
| | | |
| pato (m) | өрдөк | ørdøk |
| ganso (m) | каз | kaz |
| faisão (m) | кыргоол | kırgool |
| | | |
| águia (f) | бүркүт | byrkyt |
| açor (m) | ителги | itelgi |
| falcão (m) | шумкар | ʃumkar |
| abutre (m) | жору | dʒoru |
| condor (m) | кондор | kondor |
| | | |
| cisne (m) | аккуу | akkuu |
| grou (m) | турна | turna |
| cegonha (f) | илегилек | ilegilek |
| | | |
| papagaio (m) | тотукуш | totukuʃ |
| beija-flor (m) | колибри | kolibri |
| pavão (m) | тоос | toos |
| | | |
| avestruz (m) | төө куш | tøø kuʃ |
| garça (f) | көк кытан | køk kıtan |
| flamingo (m) | фламинго | flamingo |
| pelicano (m) | биргазан | birgazan |
| | | |
| rouxinol (m) | булбул | bulbul |
| andorinha (f) | чабалекей | ʧabalekej |
| | | |
| tordo-zornal (m) | таркылдак | tarkıldak |
| tordo-músico (m) | сайрагыч таркылдак | sajragıʧ tarkıldak |
| melro-preto (m) | кара таңдай таркылдак | kara taŋdaj tarkıldak |
| | | |
| andorinhão (m) | кардыгач | kardıgaʧ |
| cotovia (f) | торгой | torgoj |
| codorna (f) | бөдөнө | bødønø |
| | | |
| pica-pau (m) | тоңкулдак | toŋkuldak |
| cuco (m) | күкүк | kykyk |
| coruja (f) | мыкый үкү | mıkıj yky |
| bufo-real (m) | үкү | yky |
| tetraz-grande (m) | керең кур | kereŋ kur |
| tetraz-lira (m) | кара кур | kara kur |
| perdiz-cinzenta (f) | кекилик | kekilik |
| | | |
| estorninho (m) | чыйырчык | ʧıjırʧık |
| canário (m) | канарейка | kanarejka |
| galinha-do-mato (f) | токой чили | tokoj ʧili |
| | | |
| tentilhão (m) | зяблик | zʲablik |
| dom-fafe (m) | снегирь | snegirʲ |
| | | |
| gaivota (f) | ак чардак | ak ʧardak |
| albatroz (m) | альбатрос | alʲbatros |
| pinguim (m) | пингвин | pingvin |

## 139. Peixes. Animais marinhos

| | | |
|---|---|---|
| brema (f) | лещ | leʃtʃ |
| carpa (f) | карп | karp |
| perca (f) | окунь | okunʲ |
| siluro (m) | жаян | dʒajan |
| lúcio (m) | чортон | tʃorton |
| | | |
| salmão (m) | лосось | lososʲ |
| esturjão (m) | осётр | osʲotr |
| | | |
| arenque (m) | сельдь | selʲdʲ |
| salmão (m) do Atlântico | сёмга | sʲomga |
| cavala, sarda (f) | скумбрия | skumbrija |
| solha (f), linguado (m) | камбала | kambala |
| | | |
| lúcio perca (m) | судак | sudak |
| bacalhau (m) | треска | treska |
| atum (m) | тунец | tunets |
| truta (f) | форель | forelʲ |
| | | |
| enguia (f) | угорь | ugorʲ |
| raia (f) elétrica | скат | skat |
| moreia (f) | мурена | murena |
| piranha (f) | пиранья | piranja |
| | | |
| tubarão (m) | акула | akula |
| golfinho (m) | дельфин | delʲfin |
| baleia (f) | кит | kit |
| | | |
| caranguejo (m) | краб | krab |
| água-viva (f) | медуза | meduza |
| polvo (m) | сегиз бут | segiz but |
| | | |
| estrela-do-mar (f) | деңиз жылдызы | deŋiz dʒıldızı |
| ouriço-do-mar (m) | деңиз кирписи | deŋiz kirpisi |
| cavalo-marinho (m) | деңиз тайы | deŋiz tajı |
| | | |
| ostra (f) | устрица | ustritsa |
| camarão (m) | креветка | krevetka |
| lagosta (f) | омар | omar |
| lagosta (f) | лангуст | langust |

## 140. Anfíbios. Répteis

| | | |
|---|---|---|
| cobra (f) | жылан | dʒılan |
| venenoso (adj) | уулуу | uuluu |
| | | |
| víbora (f) | кара чаар жылан | kara tʃaar dʒılan |
| naja (f) | кобра | kobra |
| píton (m) | питон | piton |
| jiboia (f) | удав | udav |
| cobra-de-água (f) | сары жылан | sarı dʒılan |

| cascavel (f) | шакылдак жылан | ʃakıldak dʒılan |
| anaconda (f) | анаконда | anakonda |

| lagarto (m) | кескелдирик | keskeldirik |
| iguana (f) | игуана | iguana |
| varano (m) | эчкемер | etʃkemer |
| salamandra (f) | саламандра | salamandra |
| camaleão (m) | хамелеон | χameleon |
| escorpião (m) | чаян | tʃajan |

| tartaruga (f) | ташбака | taʃbaka |
| rã (f) | бака | baka |
| sapo (m) | курбака | kurbaka |
| crocodilo (m) | крокодил | krokodil |

## 141. Insetos

| inseto (m) | курт-кумурска | kurt-kumurska |
| borboleta (f) | көпөлөк | køpøløk |
| formiga (f) | кумурска | kumurska |
| mosca (f) | чымын | tʃımın |
| mosquito (m) | чиркей | tʃirkej |
| escaravelho (m) | коңуз | koŋuz |

| vespa (f) | аары | aarı |
| abelha (f) | бал аары | bal aarı |
| mamangaba (f) | жапан аары | dʒapan aarı |
| moscardo (m) | көгөөн | køgøøn |

| aranha (f) | жөргөмүш | dʒørgømyʃ |
| teia (f) de aranha | желе | dʒele |

| libélula (f) | ийнелик | ijnelik |
| gafanhoto (m) | чегиртке | tʃegirtke |
| traça (f) | көпөлөк | køpøløk |

| barata (f) | таракан | tarakan |
| carrapato (m) | кене | kene |
| pulga (f) | бүргө | byrgø |
| borrachudo (m) | майда чымын | majda tʃımın |

| gafanhoto (m) | чегиртке | tʃegirtke |
| caracol (m) | үлүл | ylyl |
| grilo (m) | кара чегиртке | kara tʃegirtke |
| pirilampo, vaga-lume (m) | жалтырак коңуз | dʒaltırak koŋuz |
| joaninha (f) | айланкөчөк | ajlankøtʃøk |
| besouro (m) | саратан коңуз | saratan koŋuz |

| sanguessuga (f) | сүлүк | sylyk |
| lagarta (f) | каз таман | kaz taman |
| minhoca (f) | жер курту | dʒer kurtu |
| larva (f) | курт | kurt |

# Flora

## 142. Árvores

| | | |
|---|---|---|
| árvore (f) | дарак | darak |
| decídua (adj) | жалбырактуу | dʒalbıraktuu |
| conífera (adj) | ийне жалбырактуулар | ijne dʒalbıraktuular |
| perene (adj) | дайым жашыл | dajım dʒaʃıl |
| | | |
| macieira (f) | алма бак | alma bak |
| pereira (f) | алмурут бак | almurut bak |
| cerejeira (f) | гилас | gilas |
| ginjeira (f) | алча | altʃa |
| ameixeira (f) | кара өрүк | kara øryk |
| | | |
| bétula (f) | ак кайың | ak kajıŋ |
| carvalho (m) | эмен | emen |
| tília (f) | жөкө дарак | dʒøkø darak |
| choupo-tremedor (m) | бай терек | baj terek |
| bordo (m) | клён | klʲon |
| espruce (m) | кара карагай | kara karagaj |
| pinheiro (m) | карагай | karagaj |
| alerce, lariço (m) | лиственница | listvennitsa |
| abeto (m) | пихта | piχta |
| cedro (m) | кедр | kedr |
| | | |
| choupo, álamo (m) | терек | terek |
| tramazeira (f) | четин | tʃetin |
| salgueiro (m) | мажүрүм тал | madʒyrym tal |
| amieiro (m) | ольха | olʲχa |
| faia (f) | бук | buk |
| ulmeiro, olmo (m) | кара жыгач | kara dʒıgatʃ |
| freixo (m) | ясень | jasenʲ |
| castanheiro (m) | каштан | kaʃtan |
| | | |
| magnólia (f) | магнолия | magnolija |
| palmeira (f) | пальма | palʲma |
| cipreste (m) | кипарис | kiparis |
| | | |
| mangue (m) | мангро дарагы | mangro daragı |
| embondeiro, baobá (m) | баобаб | baobab |
| eucalipto (m) | эвкалипт | evkalipt |
| sequoia (f) | секвойя | sekvoja |

## 143. Arbustos

| | | |
|---|---|---|
| arbusto (m) | бадал | badal |
| arbusto (m), moita (f) | бадал | badal |

| videira (f) | жүзүм | dʒyzym |
| vinhedo (m) | жүзүмдүк | dʒyzymdyk |

| framboeseira (f) | дан куурай | dan kuuraj |
| groselheira-negra (f) | кара карагат | kara karagat |
| groselheira-vermelha (f) | кызыл карагат | kızıl karagat |
| groselheira (f) espinhosa | крыжовник | krıdʒovnik |

| acácia (f) | акация | akatsija |
| bérberis (f) | бөрү карагат | børy karagat |
| jasmim (m) | жасмин | dʒasmin |

| junípero (m) | кара арча | kara artʃa |
| roseira (f) | роза бадалы | roza badalı |
| roseira (f) brava | ит мурун | it murun |

## 144. Frutos. Bagas

| fruta (f) | мөмө-жемиш | mømø-dʒemiʃ |
| frutas (f pl) | мөмө-жемиш | mømø-dʒemiʃ |

| maçã (f) | алма | alma |
| pera (f) | алмурут | almurut |
| ameixa (f) | кара өрүк | kara øryk |

| morango (m) | кулпунай | kulpunaj |
| ginja (f) | алча | altʃa |
| cereja (f) | гилас | gilas |
| uva (f) | жүзүм | dʒyzym |

| framboesa (f) | дан куурай | dan kuuraj |
| groselha (f) negra | кара карагат | kara karagat |
| groselha (f) vermelha | кызыл карагат | kızıl karagat |
| groselha (f) espinhosa | крыжовник | krıdʒovnik |
| oxicoco (m) | клюква | klʉkva |

| laranja (f) | апельсин | apelʲsin |
| tangerina (f) | мандарин | mandarin |
| abacaxi (m) | ананас | ananas |
| banana (f) | банан | banan |
| tâmara (f) | курма | kurma |

| limão (m) | лимон | limon |
| damasco (m) | өрүк | øryk |
| pêssego (m) | шабдаалы | ʃabdaalı |

| quiuí (m) | киви | kivi |
| toranja (f) | грейпфрут | grejpfrut |

| baga (f) | жер жемиш | dʒer dʒemiʃ |
| bagas (f pl) | жер жемиштер | dʒer dʒemiʃter |
| arando (m) vermelho | брусника | brusnika |
| morango-silvestre (m) | кызылгат | kızılgat |
| mirtilo (m) | кара моюл | kara mojʉl |

## 145. Flores. Plantas

| | | |
|---|---|---|
| flor (f) | гүл | gyl |
| buquê (m) de flores | десте | deste |
| rosa (f) | роза | roza |
| tulipa (f) | жоогазын | dʒoogazın |
| cravo (m) | гвоздика | gvozdika |
| gladíolo (m) | гладиолус | gladiolus |
| centáurea (f) | ботокөз | botokøz |
| campainha (f) | коңгуроо гүл | koŋguroo gyl |
| dente-de-leão (m) | каакым-кукум | kaakım-kukum |
| camomila (f) | ромашка | romaʃka |
| aloé (m) | алоэ | aloe |
| cacto (m) | кактус | kaktus |
| fícus (m) | фикус | fikus |
| lírio (m) | лилия | lilija |
| gerânio (m) | герань | geranʲ |
| jacinto (m) | гиацинт | giatsint |
| mimosa (f) | мимоза | mimoza |
| narciso (m) | нарцисс | nartsiss |
| capuchinha (f) | настурция | nasturtsija |
| orquídea (f) | орхидея | orχideja |
| peônia (f) | пион | pion |
| violeta (f) | бинапша | binapʃa |
| amor-perfeito (m) | алагүл | alagyl |
| não-me-esqueças (m) | незабудка | nezabudka |
| margarida (f) | маргаритка | margaritka |
| papoula (f) | кызгалдак | kızgaldak |
| cânhamo (m) | наша | naʃa |
| hortelã, menta (f) | жалбыз | dʒalbız |
| lírio-do-vale (m) | ландыш | landıʃ |
| campânula-branca (f) | байчечекей | bajtʃetʃekej |
| urtiga (f) | чалкан | tʃalkan |
| azedinha (f) | ат кулак | at kulak |
| nenúfar (m) | чөмүч баш | tʃømytʃ baʃ |
| samambaia (f) | папоротник | paporotnik |
| líquen (m) | лишайник | liʃajnik |
| estufa (f) | күнөскана | kynøskana |
| gramado (m) | газон | gazon |
| canteiro (m) de flores | клумба | klumba |
| planta (f) | өсүмдүк | øsymdyk |
| grama (f) | чөп | tʃøp |
| folha (f) de grama | бир тал чөп | bir tal tʃøp |

| folha (f) | жалбырак | dʒalbırak |
| pétala (f) | гүлдүн желекчеси | gyldyn dʒelektʃesi |
| talo (m) | сабак | sabak |
| tubérculo (m) | жемиш тамыр | dʒemiʃ tamır |

| broto, rebento (m) | өсмө | øsmø |
| espinho (m) | тикен | tiken |

| florescer (vi) | гүлдөө | gyldøø |
| murchar (vi) | соолуу | sooluu |
| cheiro (m) | жыт | dʒıt |
| cortar (flores) | кесүү | kesyy |
| colher (uma flor) | үзүү | yzyy |

## 146. Cereais, grãos

| grão (m) | дан | dan |
| cereais (plantas) | дан эгиндери | dan eginderi |
| espiga (f) | машак | maʃak |

| trigo (m) | буудай | buudaj |
| centeio (m) | кара буудай | kara buudaj |
| aveia (f) | сулу | sulu |
| painço (m) | таруу | taruu |
| cevada (f) | арпа | arpa |

| milho (m) | жүгөрү | dʒygøry |
| arroz (m) | күрүч | kyrytʃ |
| trigo-sarraceno (m) | гречиха | gretʃiχa |

| ervilha (f) | нокот | nokot |
| feijão (m) roxo | төө буурчак | tøø buurtʃak |
| soja (f) | соя | soja |
| lentilha (f) | жасмык | dʒasmık |
| feijão (m) | буурчак | buurtʃak |

# PAÍSES. NACIONALIDADES

## 147. Europa Ocidental

| | | |
|---|---|---|
| Europa (f) | Европа | evropa |
| União (f) Europeia | Европа Биримдиги | evropa birimdigi |
| | | |
| Áustria (f) | Австрия | avstrija |
| Grã-Bretanha (f) | Улуу Британия | uluu britanija |
| Inglaterra (f) | Англия | anglija |
| Bélgica (f) | Бельгия | belʲgija |
| Alemanha (f) | Германия | germanija |
| | | |
| Países Baixos (m pl) | Нидерланддар | niderlanddar |
| Holanda (f) | Голландия | gollandija |
| Grécia (f) | Греция | greʦija |
| Dinamarca (f) | Дания | danija |
| Irlanda (f) | Ирландия | irlandija |
| Islândia (f) | Исландия | islandija |
| | | |
| Espanha (f) | Испания | ispanija |
| Itália (f) | Италия | italija |
| Chipre (m) | Кипр | kipr |
| Malta (f) | Мальта | malʲta |
| | | |
| Noruega (f) | Норвегия | norvegija |
| Portugal (m) | Португалия | portugalija |
| Finlândia (f) | Финляндия | finlʲandija |
| França (f) | Франция | franʦija |
| | | |
| Suécia (f) | Швеция | ʃveʦija |
| Suíça (f) | Швейцария | ʃvejʦarija |
| Escócia (f) | Шотландия | ʃotlandija |
| | | |
| Vaticano (m) | Ватикан | vatikan |
| Liechtenstein (m) | Лихтенштейн | liχtenʃtejn |
| Luxemburgo (m) | Люксембург | lʉksemburg |
| Mônaco (m) | Монако | monako |

## 148. Europa Central e de Leste

| | | |
|---|---|---|
| Albânia (f) | Албания | albanija |
| Bulgária (f) | Болгария | bolgarija |
| Hungria (f) | Венгрия | vengrija |
| Letônia (f) | Латвия | latvija |
| | | |
| Lituânia (f) | Литва | litva |
| Polônia (f) | Польша | polʲʃa |

| Romênia (f) | Румыния | rumınija |
| Sérvia (f) | Сербия | serbija |
| Eslováquia (f) | Словакия | slovakija |

| Croácia (f) | Хорватия | χorvatija |
| República (f) Checa | Чехия | tʃeχija |
| Estônia (f) | Эстония | estonija |

| Bósnia e Herzegovina (f) | Босния жана | bosnija dʒana |
| Macedônia (f) | Македония | makedonija |
| Eslovênia (f) | Словения | slovenija |
| Montenegro (m) | Черногория | tʃernogorija |

## 149. Países da ex-URSS

| Azerbaijão (m) | Азербайжан | azerbajdʒan |
| Armênia (f) | Армения | armenija |

| Belarus | Беларусь | belarusʲ |
| Geórgia (f) | Грузия | gruzija |
| Cazaquistão (m) | Казакстан | kazakstan |
| Quirguistão (m) | Кыргызстан | kırgızstan |
| Moldávia (f) | Молдова | moldova |

| Rússia (f) | Россия | rossija |
| Ucrânia (f) | Украина | ukraina |

| Tajiquistão (m) | Тажикистан | tadʒikistan |
| Turquemenistão (m) | Туркмения | turkmenija |
| Uzbequistão (f) | Өзбекистан | øzbekistan |

## 150. Asia

| Ásia (f) | Азия | azija |
| Vietnã (m) | Вьетнам | vjetnam |
| Índia (f) | Индия | indija |
| Israel (m) | Израиль | izrailʲ |

| China (f) | Кытай | kıtaj |
| Líbano (m) | Ливан | livan |
| Mongólia (f) | Монголия | mongolija |

| Malásia (f) | Малазия | malazija |
| Paquistão (m) | Пакистан | pakistan |

| Arábia (f) Saudita | Сауд Аравиясы | saud aravijası |
| Tailândia (f) | Таиланд | tailand |
| Taiwan (m) | Тайвань | tajvanʲ |
| Turquia (f) | Түркия | tyrkija |
| Japão (m) | Япония | japonija |
| Afeganistão (m) | Ооганстан | ooganstan |
| Bangladesh (m) | Бангладеш | bangladeʃ |

| | | |
|---|---|---|
| Indonésia (f) | Индонезия | indonezija |
| Jordânia (f) | Иордания | iordanija |
| | | |
| Iraque (m) | Ирак | irak |
| Irã (m) | Иран | iran |
| Camboja (f) | Камбожа | kambodʒa |
| Kuwait (m) | Кувейт | kuvejt |
| | | |
| Laos (m) | Лаос | laos |
| Birmânia (f) | Мьянма | mjanma |
| Nepal (m) | Непал | nepal |
| Emirados Árabes Unidos | Бириккен Араб Эмираттары | birikken arab emirattarı |
| | | |
| Síria (f) | Сирия | sirija |
| Palestina (f) | Палестина | palestina |
| | | |
| Coreia (f) do Sul | Түштүк Корея | tyʃtyk koreja |
| Coreia (f) do Norte | Түндүк Корея | tundyk koreja |

## 151. América do Norte

| | | |
|---|---|---|
| Estados Unidos da América | Америка Кошмо Штаттары | amerika koʃmo ʃtattarı |
| Canadá (m) | Канада | kanada |
| México (m) | Мексика | meksika |

## 152. América Central do Sul

| | | |
|---|---|---|
| Argentina (f) | Аргентина | argentina |
| Brasil (m) | Бразилия | brazilija |
| Colômbia (f) | Колумбия | kolumbija |
| | | |
| Cuba (f) | Куба | kuba |
| Chile (m) | Чили | tʃili |
| | | |
| Bolívia (f) | Боливия | bolivija |
| Venezuela (f) | Венесуэла | venesuela |
| | | |
| Paraguai (m) | Парагвай | paragvaj |
| Peru (m) | Перу | peru |
| | | |
| Suriname (m) | Суринам | surinam |
| Uruguai (m) | Уругвай | urugvaj |
| Equador (m) | Эквадор | ekvador |
| | | |
| Bahamas (f pl) | Багам аралдары | bagam araldarı |
| Haiti (m) | Гаити | gaiti |
| | | |
| República Dominicana | Доминикан Республикасы | dominikan respublikası |
| Panamá (m) | Панама | panama |
| Jamaica (f) | Ямайка | jamajka |

## 153. Africa

| | | |
|---|---|---|
| Egito (m) | Египет | egipet |
| Marrocos | Марокко | marokko |
| Tunísia (f) | Тунис | tunis |
| | | |
| Gana (f) | Гана | gana |
| Zanzibar (m) | Занзибар | zanzibar |
| Quênia (f) | Кения | kenija |
| Líbia (f) | Ливия | livija |
| Madagascar (m) | Мадагаскар | madagaskar |
| | | |
| Namíbia (f) | Намибия | namibija |
| Senegal (m) | Сенегал | senegal |
| Tanzânia (f) | Танзания | tanzanija |
| África (f) do Sul | ТАР | tar |

## 154. Austrália. Oceania

| | | |
|---|---|---|
| Austrália (f) | Австралия | avstralija |
| Nova Zelândia (f) | Жаңы Зеландия | dʒaŋı zelandija |
| | | |
| Tasmânia (f) | Тасмания | tasmanija |
| Polinésia (f) Francesa | Француз Полинезиясы | frantsuz polinezijası |

## 155. Cidades

| | | |
|---|---|---|
| Amesterdã, Amsterdã | Амстердам | amsterdam |
| Ancara | Анкара | ankara |
| Atenas | Афина | afina |
| Bagdade | Багдад | bagdad |
| Bancoque | Бангкок | bangkok |
| | | |
| Barcelona | Барселона | barselona |
| Beirute | Бейрут | bejrut |
| Berlim | Берлин | berlin |
| Bonn | Бонн | bonn |
| Bordéus | Бордо | bordo |
| | | |
| Bratislava | Братислава | bratislava |
| Bruxelas | Брюссель | brusselʲ |
| Bucareste | Бухарест | buχarest |
| Budapeste | Будапешт | budapeʃt |
| Cairo | Каир | kair |
| | | |
| Calcutá | Калькутта | kalʲkutta |
| Chicago | Чикаго | tʃikago |
| Cidade do México | Мехико | meχiko |
| Copenhague | Копенгаген | kopengagen |
| Dar es Salaam | Дар-эс-Салам | dar-es-salam |
| Deli | Дели | deli |

| Dubai | Дубай | dubaj |
| Dublim | Дублин | dublin |
| Düsseldorf | Дюссельдорф | dusselʲdorf |
| Estocolmo | Стокгольм | stokgolʲm |
| | | |
| Florença | Флоренция | florentsija |
| Frankfurt | Франкфурт | frankfurt |
| Genebra | Женева | dʒeneva |
| Haia | Гаага | gaaga |
| Hamburgo | Гамбург | gamburg |
| | | |
| Hanói | Ханой | χanoj |
| Havana | Гавана | gavana |
| Helsinque | Хельсинки | χelʲsinki |
| Hiroshima | Хиросима | χirosima |
| Hong Kong | Гонконг | gonkong |
| Istambul | Стамбул | stambul |
| | | |
| Jerusalém | Иерусалим | ierusalim |
| Kiev, Quieve | Киев | kiev |
| Kuala Lumpur | Куала-Лумпур | kuala-lumpur |
| Lion | Лион | lion |
| Lisboa | Лиссабон | lissabon |
| | | |
| Londres | Лондон | london |
| Los Angeles | Лос-Анджелес | los-andʒeles |
| Madrid | Мадрид | madrid |
| Marselha | Марсель | marselʲ |
| Miami | Майями | majami |
| | | |
| Montreal | Монреаль | monrealʲ |
| Moscou | Москва | moskva |
| Mumbai | Бомбей | bombej |
| Munique | Мюнхен | munχen |
| Nairóbi | Найроби | najrobi |
| Nápoles | Неаполь | neapolʲ |
| | | |
| Nice | Ницца | nitstsa |
| Nova York | Нью-Йорк | nju-jork |
| Oslo | Осло | oslo |
| Ottawa | Оттава | ottava |
| Paris | Париж | paridʒ |
| | | |
| Pequim | Пекин | pekin |
| Praga | Прага | praga |
| Rio de Janeiro | Рио-де-Жанейро | rio-de-dʒanejro |
| Roma | Рим | rim |
| São Petersburgo | Санкт-Петербург | sankt-peterburg |
| Seul | Сеул | seul |
| | | |
| Singapura | Сингапур | singapur |
| Sydney | Сидней | sidnej |
| Taipé | Тайпей | tajpej |
| Tóquio | Токио | tokio |
| Toronto | Торонто | toronto |
| Varsóvia | Варшава | varʃava |

| | | |
|---|---|---|
| Veneza | **Венеция** | venetsija |
| Viena | **Вена** | vena |
| Washington | **Вашингтон** | waʃington |
| Xangai | **Шанхай** | ʃanχaj |

www.ingramcontent.com/pod-product-compliance
Lightning Source LLC
LaVergne TN
LVHW051742080426
835511LV00018B/3191